KB170848

뉴업의 발견

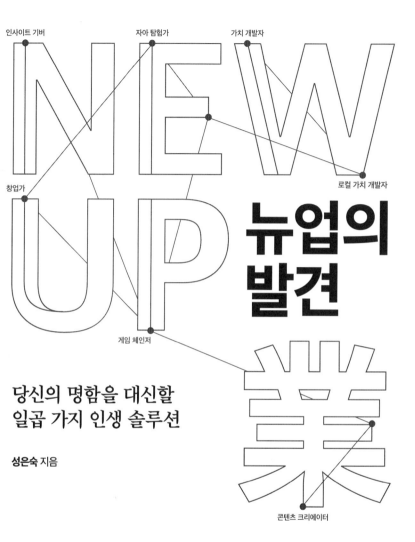

인사이트 기버　　　자아 탐험가　　　가치 개발자

로컬 가치 개발자

창업가

게임 체인저

콘텐츠 크리에이터

뉴업의 발견

당신의 명함을 대신할
일곱 가지 인생 솔루션

성은숙 지음

화담,
하다

"먼저 떠나는 것이 나쁜 삶이 아니며,
나중에 떠나는 것이 좋은 삶이 아니다."

일생의 소임을 다하고
지난해 당신의 삶에서 은퇴하신,
제 인생의 가장 소중한 친구이자 조언가인
아버지의 유훈을 기억합니다.

오늘도 퇴사에 실패한 당신에게

오늘도 퇴사에 실패했는가?

'오늘은 반드시 사표를 던지고 말 테다.' 단단히 결심하고 집을 나서지만, 오늘도 버스 뒷자리나 지하철 손잡이에 그 마음을 슬쩍 걸어두고 마지못해 사무실로 향한다. 전세 대출금 이자, 아이들 학원비, 부모님 병원비, 그것도 아니라면 지난달 카드 명세서와 맞바꾼 단호한 용기였겠지만, 퇴사에 대한 결연한 의지는 오늘 하루도 버텨내야 한다는 압박감에 눌려 사르르 녹아내린다.

그런데 이토록 절박한 '회사 탈출'의 꿈이 내일도 산산이 부서질 것임을 우리는 잘 알고 있다. 왜 우리는 정답이 정해진 선택의 순간을 매일 아침 반복하는가? 회사는 내게 하루의 절반을 성실하게 투자한 대가로 꼬박꼬박 월급을 챙겨주고, 생활을 이어갈 힘을 주며, 성장에 대한 자부심과 삶의 의미를 주기도 하는 소중한 존재인데 말이다.

우리는 좋은 회사에 다니는 것을 일생일대의 목표로 삼는다. 그리고 이 목표를 위해 치열한 경쟁을 기꺼이 감내했다. 더 나은 회사, 더 나은 포지션을 위해 현재의 나를 잊고 가족과의 오붓한 시간을 일 뒤로 밀어냈다. 더 나은 삶을 위해 사표를 품고 고된 하루하루를 버티면서도, 그 여정의 끝은 내가 원할 때 보란 듯 멋지게 탈출하는 모습이길 바란다. 당장 '이놈의 회사'를 그만두고 싶어 못 견딜 것 같다가도, 어느 날 회사가 바라는 희망퇴직자 명단에 내 이름이 오를까 노심초사한다. 남들과 같은 '평균의 삶'을 꿈꾸며 살아가다가 문득, 퇴출로 향하는 외나무다리에 서 있는 40대 끝자락의 나를 발견하고서야 아차, 무엇인가 잘못된 듯 느껴진다. 그것이 누구보다 특별하게 살고 싶었던 우리들의 평범한 직장 생활이다.

강산이 몇 번 변하는 시간 동안 한 회사에서 줄곧 자리를 지켰거나, 아니면 몇 번의 야심 찬 퇴사를 감행한 후 마침내 퇴직에 이르는 여정. 모두가 그랬거나, 그러거나, 그럴 것이 뻔한 우리들 이야기다. 찰리 채플린은 "인생은 가까이서 보면 비극, 멀리서 보면 희극"이라 했다지만, 우리들의 직장 생활은 가까이서 보면 매일 아침 퇴사가 절박하고, 멀리서 보면 퇴직이 두렵다. 이 지난한 여정이 마침내 유쾌한 희극으로 끝날 수는 없을까?

"1년 후 오늘이 마지막입니다"

직장 생활 20년 차의 아주 평범한 하루. 어쩌면 그날 아침도 마음속에 사표를 품고 출근했을지 모른다. 그런데 눈앞에 떨어진 것은 상사의 날벼락 같은 퇴직 통보. '1년 후 오늘이 마지막입니다.' 이미 결정된 미래의 사건을 되돌릴 수 없다고 가정한다면, 당신은 지금 당장 무엇을 할 것인가?

앞으로 1년 후, 당연하게만 생각했던 월급이 사라진다고 상상해보자. 그 순간, 귓구멍을 파고들어 전두엽을 때리던 직장 상사의 쉴 새 없는 잔소리가 갑자기 꽤 견딜 만하거나, 소위 '요즘 것'들의 이해 못할 스타일도 그 세대 개성으로 느껴질지도 모르겠다. 어쩌면 '옳지, 버틸 만큼 버티었다' 하고 바로 탈출 계획을 구상할 수도 있고, 이미 마음속에 두었던 새로운 일을 당장 실행할 날만 기다리며 '남은 시간을 즐기자' 쾌재를 부를지도 모르겠다. 1년 후 오늘, 탈출과 퇴출의 갈림길에 선 당신의 모습은 어떨까?

나와는 상관없는 이야기처럼 들릴 수도 있지만, 냉정해지자. 퇴직은 그 언제를 상상하든 예상보다 빨리 온다. 모두가 70세 넘어서까지 일하고 싶다는 대한민국 보통 사람들의 꿈은 50대를 전후로 무참히 꺾인다. '나는 그렇지 않겠지', '나에게는 기회가 더 있겠지', '나는 노력하면 되겠지' 하는 강한 믿음으로 살아온 평범한 직장인들에게 실망감을 안겨 대단히 미안하지만, 50세를 전후로 적어도 한 번은 쓰디쓴 퇴직을 몸소 경험할 것임을 대한민국 통계청이 숫자로 증명한다! 이제 옵션은 두 가지다. 퇴직 후 또다시 남이 주는 월급을 찾아 헤매거나, 스스로 월급을 만드는 사람이 되거나.

퇴직을 위한 실전 가이드

이 책은 이미 퇴직했거나, 당장 퇴직이 눈앞에 있거나, 언제 퇴직당할지 모르는 위기에 빠진 직장인 모두를 위한 것이다. 또한 아직 퇴직을 실감하고 싶지 않은 30대를 위한 직장 생존 가이드이자, 몇 해 전 보직에서 밀려나 오늘이 어제 같고 내일이 그저 오늘 같길 바라는 40대 직장인들의 완생完生 가이드이며, 희망하지 않은 희망퇴직으로 절망에 빠진 50대를 위한 커리어 회생 가이드이기도 하다. 이 책은 모두 네 개의 장으로 구성되어 있다.

49세, 퇴직당하기 딱 좋은 나이. 이 절체절명의 위기를 우리는 어떻게 헤쳐나가야 할까? 대한민국에서의 퇴직은 절망적인 경험이다. 경력의 끝, 헌신한 회사의 배신 혹은 경쟁에서의 도태로 여겨지는 것이 일반적이다. 그래서 대부분의 퇴직자들이 퇴직 사실을 애써 감추거나 부끄러워한다. 또한 상당 기간 분노로 이글거리고 허무함과 깊은 좌절에 빠져들기도 하는데, 이러한 정서는 다소 차이는 있을지라도 다양한 유형의 퇴직자들에게 공통적으로 나타난다. 1장에서는 누구든 피할 수 없는 퇴직 앞에 당당히 맞설 수 있는 방안을 제시한다.

'퇴직준비 되셨어요?' 이 질문에 선뜻 '그렇다'고 대답하는 사람은 많지 않을 것이다. 누구나 부러워하는 포지션에서 퇴직한 사람들조차 퇴직준비만큼은 고민이다. 2장은 퇴직준비는 '재무 자산만 충분하면 된다'는 착각에 빠져 있는 대한민국 중·장년 세대에게 퇴직준비를 위해 진짜 필요한 세 가지, 일거리, 놀거리, 생각할 거리를 찾아가는 방향을 제시한다. 또한, 현직에서부터 퇴직 이후까지 대부분의 직장인들이 경험하는 퇴직 여정을 골프 코스에서 마주할 수 있는 여덟 가지 상황에 빗대어 설명하여, 자신의 상태에 적합한 퇴직준비를 할 수 있는 단계별 인사이트를 담았다. 특허 기반의 '퇴직준비도Retirement Readiness Index(RRI)'를 통해 자신의 퇴직준비 상태를 스스로 점검할 수 있다.

'퇴직하고 뭐 하세요?' 이 역시 평범한 직장인들, 즉 언젠가는 회사와 이별할 퇴직 예정자들의 마음을 무겁게 하는 질문일 것이다. 3장에서는 명함이 없고 월급이 끊긴 삶을 살아내야 할 그 순간, 어떤 존재로 살아가야 할 것인가에 대한 본질적 질문을 던진다. 또한 '퇴직 이후의 새로운 역할'로 정의되는 뉴업New-UP(業)의 일곱 가지 방향성과 나의 퇴직 성향을 진단할 수 있는 '뉴업 성향 진단 솔루션New-UP(業) Planning Tool(NPT)'을 다양한 성공 사례들과 함께 제시했다. 퇴직 후 '기-승-전-치킨집!'을 외치거나, '안 되면 농사나 짓지!' 하며 자조 섞인 상상을 하는 대신, 나에게 꼭 맞는 퇴직 후 뉴업을 발견할 수 있는 강력한 해결 방안을 당장이라도 실행해보기 바란다.

현직에서 퇴직준비를 시작하라. 퇴직 후면 늦다. 지금껏 경험하지 못한 '퇴직 포비아'에서 벗어날 수 있는 방법은 의외로 간단하다. 미리 준비하는 것이다. 4장에서는 뉴업의 실행 4단계 전략 '리:플랫Re:PLAT(Plan-Learn-Act-Transform)'을 통해 현직에서부터 퇴직을 준비할 수 있는 실행 방안을 담았다. 퇴직 후 삶에 윤기를 더할 수 있는 방법은 단계별로 준비하고 꾸준히 실천하는 것뿐이다. 최소한 퇴직 3년 전부터 나의 취향을 발견하고, 롤 모델을 찾고, 액션플랜을 구상하라. 그리고 이 모든 여정을 작은 성공들로 단단히 채우라. 각 단계마다 제시된 다섯 가지 가이드라인들을 활용하여 자신에게 맞는 현실적인 대안을 마련할 수 있을 것이다. 그리고 이 가이드라인들은 퇴직이 막연히 두려운 현직자들뿐만 아니라 준비 없이 퇴직하여 막막한 일상을 살고 있는 퇴직자들에게도 '앞으로 3년'의 미션을 달성하기 위한 현실적 대안을 줄 것이다.

회사를 믿지 마라. 회사는 당신의 정년을 보장해줄 마음이 없다. 혹시 '운 좋게' 정년이 보장된 회사에 다닌다 해도 퇴직 이후의 삶은 지금껏 당신이 생각조차 해본 적 없는 일들로 가득할 것이다. 오랜 꿈이었던, 해변에서 한가로이 시간을 즐기거나 산티아고 순례길을 따라 떠나는 일이 당신이 만들어갈 퇴직 후의 평범한 하루는 아닐 것이다. 퇴직은 그야말로 새로운 일상의 시작이다. 퇴직이 기대되는 삶을 위해, 현직에서 미리 준비하고 나만의 콘텐츠로 꾸준히 뉴업하라.

이 시대 모든 직장인들의 회사 탈출 순간이 저마다의 성장 시나리오로 가득한 희극으로 끝나길 간절히 소망한다.

2024년 6월

성은숙

2장 바로 지금, 퇴직을 준비할 시간!

3장 뉴업의 발견: 일곱 가지 방향성 ──────

4장 뉴업의 실행: 4단계 전략 ——————

1장
당신의 직장 생활은 시한부다

회사형 인간의 비애

'퇴직 포비아'로 가득한 세상

"정말 잠깐 찾아봤어요, 네이버에. 새로운 기획 아이디어 찾으려고요. 그런데 사내 게시판에 공지가 떴더라고요. 4050 시니어들은 근무 중에 포털 검색이랑 주식 하지 말고 업무에 집중 좀 하라고요. 근데 진짜 주식 안 봤습니다. 우리가 하면 딴짓이고 젊은 친구들이 하면 열정이라고, 회사는 그렇게 보잖아요. 내년이면 임금피크제로 월급도 깎이는데, 애들 대학 졸업할 때까지는 숨만 쉬며 버티려고요. '퇴근길에 소주 한잔할 사람 없나?' 둘러보면 입사 동기들도 '명퇴'로 많이들 나갔어요."

_카드회사 상품기획팀 부장 K님

그야말로 퇴직의 시대다. 지금 한국 사회는 퇴직에 대한 불안을 넘어 공포로 가득하다. 수많은 미디어에서 직장인 평균 49세가 되면 주된 일자리에서 물러나게 된다는 사실을 공식처럼 쏟아낸다. 정년퇴직 제도가 허울뿐인 이 사회에서 평범한 직장인들의 삶은 하루하루 위태롭다. 직장인 2명 중 1명은 쉰도 되기 전에 퇴출당하고, 전체 퇴직자 중 정년퇴직자 비율은 10%를 넘지 않는다. 그런데 많은 직장인들이 이 현실을 실감하지 못한다. 아니, 현실로 받아들이지 않으려고 한다. 옆자리 오랜 동료나 상사가 희망퇴직이나 권고사직의 이름으로 일순간 보이지 않는 현실 앞에서도 내 자리는 당분간 보전되리라 근거 없이 기대한다. 하지만 상상조차 하기 싫은 그 순간이 머지않아 내게도 닥칠 것이다. '퇴직 포비아'로 가득한 세상, 우리는 어떻게 살아남아야 할까?

화담,하다 데이터 분석 결과, 자신의 퇴직을 3년에서 5년 이내로 예상하는 직장인들의 약 75% 이상이 자신의 퇴직을 인식조차 하지 않는 '미인지(노비스Novice) 단계'에 있다. 약 15%는 인식은 하면서도 구체적인 준비를 하지 않는 '관망(갤러리Gallery) 단계'이다. 결국 현직에서 제대로 준비된 상태로 퇴직하는 비율은 10% 미만이라고 해도 과언이 아니다. 대부분의 퇴직 예정자들이 퇴직의 현실을 피하고만 싶어하지 마주하지 않는다. 막연한 걱정에 휩싸여 '어떻게 되겠지' 생각한다. 불안과 공포가 몰려올 때 몸을 피하지 않고 눈을 감는 격이다.

누구든 경험하지 못한 일을 상상하기는 어렵다. 상상할 수 없으니 계획할 수도 없다. 그런데 정말 퇴직을 준비할 수는 없을까? 지금까지 대부분의 퇴직자들이 그래왔던 것처럼, 갑자기 닥쳐온 퇴직 당일, 인생의 막다른 골목에서 회사를 향한 짝사랑을 외롭게 끝내야 할까? 혹자는 퇴직을 상상하며 다니는 회사가 즐거울 리 없다고 한다. 또 다른 이는 당면한 업무에 집중하느라 퇴직 이후는 생각할 틈조차 없다고도 말한다. 그렇다면 매일 죽고 싶은 심정으로 사표를 품고 출근길에 오르는 수많은 우리들은 지금 과연 행복한가?

"회사 다니기 싫어 죽겠어."

"이놈의 회사, 저놈의 상사 때문에…"

그런데 이처럼 절망을 가득 안고 회사 생활을 이어가는 사람들조차 권고사직이나 해고의 절벽을 마주하면 마음이 달라진다. 항상 떠나고 싶었지만, 당장 밀려나고 싶진 않았다. 퇴직당하는 순간, 그렇게도 멈추고 싶었던 월급쟁이 생활이 어쨌든 끝이 났지만, 어두운 심연에서 허우적거리는 시간을 당분간은 혹은 꽤 오래 거쳐야만 할 것이다. 그 과정은 직장인의 삶을 당연시하면서도 퇴직하면 무엇을 할지 생각해본 적 없는 우리 모두가 늘그막에 겪는 애먼 성장통일 것이다.

희망 없는 희망퇴직, 명예 없는 명예퇴직

우리 사회에는 당사자의 입장을 전혀 고려하지 않은 가혹한 단어들이 너무 많다. 직장 생활에서는 '희망퇴직'과 '명예퇴직'이 대표적이다. 그런데 그 희망과 명예는 누구의 것인가? 바로 회사이다. 퇴직자 대부분은 퇴직을 희망하지 않는다. 회사가 나가주기를 바라는 시점에 마지못해 수락한 '강요당한 희망'이다. 명예는 또 어떤가? '명예로운 퇴직'은 희망퇴직의 다른 이름이거나, 정년퇴직을 몇 해 남겨두고 밀려나듯 회사를 떠나는 것이거나, 그것도 아니라면 더 이상 승진할 가능성이 없는 사람들에게 회사가 덧입힌 얄팍한 위로다. 회사만을 위한 독한 단어들인데, 너무 쉽게 쓰고 아무렇지 않게 받아들인다.

그런데 누구나 언제든 그 대상이 될 수 있다. 결코 남의 이야기가 아니다. 매년 언론 기사에서 희망퇴직자와 명예퇴직자들의 숫자가 쏟아진다. 특히 대기업이나 금융기관의 권고사직 소식이 들리기라도 하면, 주요 일간지와 인터넷 뉴스의 1면 기사 제목은 희망퇴직과 함께 수십 개월 치 월급을 퇴직금으로 챙겨 갈 수 있게 되었다는 내용이 함께한다. 퇴직 위로금 뒤에 당사자들의 좌절과 분노는 숨겨진 채로, 회사의 명예와 희망만이 미디어에 돌아다닌다.

이처럼 희망퇴직에서의 희망도, 명예퇴직에서의 명예도 퇴직 대상자가 스스로 인정하는 것이 아니다. 그것은 인력 감축을 통한 수익성 향상과 인력 재구성을 희망하는 회사의 희망사항이자, 순순히 물러서준 퇴직 대상자들에게 주는 회사의 명예인 셈이다. 희망퇴직과 명예퇴직에 대상자들의 희망과 명예는 없다. 그러니 언제든 회사를 위해 '퇴직당할 수 있다'는 것을 명심하자.

우리가 월급에 매달리는 이유

"회사 다닐 때 퇴직준비하기 어렵습니다. 하지만 퇴직 이후에 필요한 역량을 현직에서부터 키울 수는 있습니다. 저는 팀장이 되면서부터 일주일에 7일을 근무했어요. 퇴직준비는커녕, 자기계발을 할 수 있는 시간이 없었죠. 다만 제 직무를 잘하기 위해 글쓰기와 읽기가 굉장히 중요하다고 생각해서 평소 독서를 통해 인문학적 이해를 얻었고 신문 읽기를 거르지 않았어요. 그리고 업무 관련 기획서를 잘 썼습니다. 그런 것들이 지금 글을 쓰는 데 분명 보탬이 됩니다."

_대기업 유통사 퇴직 후 전업작가가 된 J님

직장인들에게 월급만큼 달콤한 유혹이 또 있을까? 달마다 일정 금액이 통장에 꽂힌다. 매달 예측 가능하다. 월급은 바닥이 비칠 듯 가볍고 투명하지만, '뭐, 괜찮다. 다음 달이면 또 통장에 찍힐 테니까.'

우리가 월급에 매달리는 이유는 간단하다. 지금까지 한 번도 월급 이외의 소득을 만들어보지 못했기 때문이다. 그래서 퇴직이 내게도 닥칠 일임을 알지만, 차라리 눈을 질끈 감는다. 한 번도 월급 없이 살아본 경험이 없기에 준비하지 않는 것이다. 월급 없는 세상을 상상해본 적이 없어서 월급에 절박하게 매달린다.

또 다른 이유는 자신만의 콘텐츠가 없기 때문이다. 조직 생활에 익숙한 4050세대 직장인들의 서바이벌 방식은 꽤나 오랜 시간 동안 타인의 콘텐츠를 분석하고 검토하는 일에 한정되어 있었다. 과장 직급 이상으로는 콘텐츠를 소비하는 사람들은 있어도 자신의 콘텐츠를 꾸준히 생산하는 사람들은 손에 꼽을 정도이다. 소위 '내 것'이 없기 때문에 회사 밖이 두려운 것이다. 이제라도 콘텐츠를 만들 용기는 없기에 월급에 매달리는 것이다.

지금이라도 늦지 않았다. 콘텐츠 생산자만 살아남는 시대다. 사무실에서 다른 사람이 만들어온 기획서에 빨간 펜을 긋던 마음 그대로, 자신만의 콘텐츠를 만들고 검토하고 재생산해야 한다. 그것이 월급이 끊어지는 그날의 공포감을 이겨낼 유일한 방법이다. 당장 눈앞에 떨어진 업무로 바쁜데 내가 주인공이 되는 콘텐츠를 만들 시간이 있을까 생각할 수도 있다. 그런데 가능하다. J님의 사례처럼 현재 맡은 업무에 충실하면서도 미래를 위한 밑그림을 그릴 수 있다. 다만 현재를 미래와 연결할 결정적인 순간을 미처 발견하지 못했을 뿐이다.

당신만의 콘텐츠가 있습니까?

'당신은 콘텐츠 생산자인가?'

이 질문에 '그렇다'고 대답하는 사람은 몇 퍼센트일까? 화담, 하다 리서치&스터디에 따르면 퇴직 전후 4050세대 약 15%만이 '나는 콘텐츠를 지속적으로 생산하고 있다'고 대답한 바 있다. 그도 그럴 것이 팀장이 된 이후로는 타인이 작성한 콘텐츠를 검토하고 보고하고 관리하는 업무로 오랜 시간을 보냈을 것이다. 그러니 나만의 콘텐츠가 있느냐는 질문에 당황할 수밖에 없다. 하지만 지금까지 남의 콘텐츠로 살아왔다면 퇴직 이후에는 나의 콘텐츠로 살아야 한다. '나는 어떤 콘텐츠를 갖고 있는가?'라는 질문에 대한 답이 퇴직 이후 삶의 질을 결정한다. 자신의 콘텐츠를 가진 사람은 퇴직 후 매달 필요한 생활비와 연금의 크기에만 관심이 있는 '생존형' 퇴직자와는 분명 다른 삶을 살게 될 것이다. 퇴직 이후의 삶은 생각보다 만만치 않다. 퇴직 후 돈이 전부가 아님을 깨닫기까지 그다지 오랜 시간이 걸리지는 않을 것이다.

'회사형 인간들'에게 가장 필요한 것은 자신의 콘텐츠 역량을 살피고 앞으로의 새로운 일과 절박하게 연결하는 것이다. 콘텐츠는 그야말로 '나답게' 살 수 있는 유일한 자산이다. 퇴직은 커리어의 끝이 아니며, 진정 나의 소명대로 살 수 있는 새로운 기회다. 이것이 이 책에서 말하는 퇴직 후의 새로운 역할, 즉 뉴업의 발견 과정이기도 하다.

지금부터는 콘텐츠를 소비하는 목적도 명확해야 한다. 퇴직 후 시간이 남으니 책을 읽어보겠다고 결심하는 사람들이 많다. 분명 독서는 여러모로 인생에 도움이 되지만, 퇴직 후 독서는 소일과 소명, 두 가지의 목표를 동시에 달성할 수 있어야 한다. 즉, 나의 콘텐츠를 어떻게 꾸준히 만들어갈지를 고민하는 과정에서 콘텐츠 소비와 생산을 균형 있게 할 수 있는 방안을 찾아야 한다. 타인의 지식을 소비하는 데 익숙한 주입식 교육 대상자들이 퇴직 이후가 두렵지 않으려면, 자신만의 콘텐츠를 만드는 일의 중요성을 절실히 깨우쳐야 한다. 당장은 '나에게 무슨 콘텐츠가 있겠어?' 하고 실망할 수 있겠지만, 걱정하지 마시라. 반드시 있다. 자신만의 콘텐츠를 찾아내느냐, 찾아내지 못하느냐? 그것이 퇴직 이후의 삶을 자유롭게 할 핵심 키워드가 될 것이다.

퇴직이 두려운 진짜 이유

드라마 속에 감춰진 냉혹한 현실

"마치 내릴 수 없는 기차에 타고 있는 것 같습니다. '내가 이 회사를 얼마나 다닐 수 있을까?' 그 생각만 하면 가슴이 답답해요. 하지만 선뜻 내릴 용기가 안 납니다. 내리는 동시에 눈앞에 펼쳐질 장면이 너무 끔찍합니다. 퇴직 생각만 하면 불안해서 잠을 못 자는데, 회사에 나오면 잊어버려요. 회사라는 이 기차에 계속 타고 있으면 안 된다는 걸 알지만, 대안이 없어서 그만두질 못하는 겁니다."

_의료기 제조사 재무팀장 T님

"회사가 전쟁터라고? 밀어낼 때까지 그만두지 마라. 밖은 지옥이다."

2014년 방영된 드라마 〈미생〉에는 직장인들의 마음을 대변해주는 명장면들이 정말 많다. 그중 퇴직한 김선배와 오차장이 국밥에 소주를 들이켜며 나누는 대사는 지금까지도 회자될 만큼 유명하다. 김선배는 퇴직 후 피자집을 운영하면서 인터넷에도 소개될 만큼 꽤나 유명해졌지만 대기업 마트가 들어오면서 문을 닫게 되었다고, 퇴직금에 대출까지 다 털어 자영업을 했지만 결국 실패하고 말았다며 울분을 토한다. 이 장면을 본 많은 직장인들이 '그래, 아무리 힘들어도 회사에서 버티겠다'고 마음을 다잡았을지도 모르겠다. 그런데 이 장면은 더 냉혹한 현실을 제대로 인식하지 못한 듯 보인다.

회사 밖 지옥으로 밀려나지 않으려고 아무리 버틴들, 50세 전후에는 그 전쟁터에서 패배를 맞이할 수밖에 없다는 시대의 서글픈 현실 말이다. 김선배는 '왜 더 버티지 못했을까' 한탄할 것이 아니라, '어떤 이유로 퇴직 이후 안정된 삶을 이끌어가지 못했나'에 질문의 포인트를 두었어야 한다. 밀어낼 때까지 버티는 것이 능사가 아니다. 새로운 사업 기회를 놓치고 좋은 아이디어를 그냥 흘러가게 두는 동안, 체력도 예전 같지 못해 오십견으로 밤잠을 설치는 현실을 마주할 수 있다.

많은 미디어에서 회사 안에서의 삶이 회사 밖의 그것보다 훨씬 안전하고 견딜 만하다고 말한다. 전쟁 같은 회사에서 벗어나면 지옥만이 우리를 기다릴 것이라는 공포스러운 예고는 모든 직장인들로 하여금 '버티고 견디는' 의지를 불사르게 한다. 어쩌면 퇴직준비가 되지 않은 대부분의 직장인들이 당장 할 수 있는 일이 그것뿐이라고 생각할 수 있다. 하지만 통계청의 평균을 거스를 수 있는 사람들이 과연 몇 명이나 될까? 평균 50세 전후로 퇴직당하는 일이 일상인 이 사회에서 살아남을 방법은 무엇일까? 간단하다. 미리 준비하는 것이다. 정년까지 버텨야 한다는 굳건한 의지 대신에, 언제든지 퇴직할 수 있다는 것을 현실로 받아들이고 지금이라도 당장 준비를 시작해야 한다.

갑작스러운 퇴직으로 인한 절망감을 어떻게 말로 표현할 수 있겠는가? 그러나 퇴직한 사람들의 공통적인 소회는 '퇴직 전에는 한 번도 퇴직 이후를 생각해보지 못했다'는 것이다. 언제까지 준비 없는 퇴직을 어쩔 수 없는 일이라고 생각할 것인가? 퇴직의 두려움에 맞설 수 있는 유일한 방법은 '어쨌든 내게도 닥칠 일'임을 재빨리 인정하고 퇴직준비를 서두르는 것뿐이다. 그것이 퇴직 이후뿐만 아니라 회사에 있는 동안에도 운신의 폭을 넓힐 수 있는 든든한 힘이라는 것을 잊지 말자.

퇴직은 왜 두려울까?

"나는 이 시간이 올 것을 알고 있었습니다. 하지만 현실에 닥치니 많은 생각과 감정이 떠오릅니다. 떠나는 것을 상상하는 일은 언제나 힘들었습니다. 힘든 때가 오면 떠날 수 없고 좋은 시절에는 떠나고 싶지 않습니다. 나는 골드만삭스를 떠나고 싶지 않지만, 지금이 적절한 시기인 것 같습니다. 이제 내 역할에서 물러서고자 합니다. 혹여 사람들이 내게 가장 그리운 것이 무엇인가 묻는다면, 제 답은 이미 정해져 있습니다. 바로 당신들입니다."

_골드만삭스 전임 CEO 로이드 블랭크페인 Lloyd Blankfein

대부분의 직장인들이 지금 하고 있는 프로젝트, 사업, 과업에 매달려 오늘만 산다. 퇴직준비는 고사하고, 바빠서 아무것도 못한다고 이야기하지만, 속마음은 바로 이것이다. '두려움.' 퇴직이 두렵지만 용기가 없는 것이다. 그렇다면 퇴직은 왜 두려운 것일까? 결론부터 말하면, 월급으로 소비하는 삶에 익숙하기 때문이다. 아니, 지금까지 수십 년을 회사를 위해 한결같이 일하면서 월급을 벌어왔는데 '소비하는 삶'이라니. 여기서 그 의미를 잘 살펴볼 필요가 있다. 대부분의 직장인들은 급여를 기준으로 정해진 소비 패턴을 갖고 있다. 유리 바닥처럼 투명한 월급 명세서를 쪼개고 나누어 생활해온 것이다. 세후 급여에서 대출 이자, 생활비, 자녀 교육비, 카드 대금, 연금, 저축, 통신비 등등을 에누리 없이 제하고 나면 남는 것은 종잇장처럼 가볍다. 마이너스인 경우도 허다하다. 그렇게 다달이 생활하는 것이 월급쟁이 삶이다. 그래서 퇴직 이후를 상상할 때 월급이 없어진 상태를 가장 먼저 떠올린다. 더 이상 수입이 없다는 데에 극심한 두려움을 느끼면서, 그동안 모아둔 재무자산과 퇴직금을 합해 앞으로 얼마나 버틸 수 있는지 월별로 예측한다. 다시 말해, 앞으로 '더 이상 아무것도 생산하지 않고 소비만 한다는 것'을 전제로 퇴직 이후 생활비를 산정한다.

이러한 소비 패턴은 대부분의 직장인들에게 공통적이다. 연봉이나 자산 규모가 상대적으로 넉넉한 사람들조차 크게 다르지 않다. 그래서 월급을 더 이상 기대할 수 없는 그 순간에 극심한 공포감을 느끼는 것이다.

소비하는 삶에서 생산하는 삶으로

퇴직자들이 퇴직 이후의 월별 생활비를 책정할 때 가장 마지막에 생각하는 것은 무엇일까? '나를 위해 얼마를 투자할 수 있는가?' 바로 당사자 스스로의 성장을 위해 쓸 수 있는 돈이다. 금융자산이나 부동산에 투자하거나, 친구들을 만나 소일하고 취미 생활을 즐기는 데에 쓰는 돈을 말하는 것이 아니다. 주체적인 존재로서 끊임없이 배움을 얻고 새로운 사람들을 만나 삶의 다음 여정을 구상하는 데 필요한 돈을 의미한다. 하지만 아쉽게도 퇴직 당사자가 스스로를 '자산'으로 여기는 경우는 많지 않다. 퇴직금을 일시로 받고 나면 모든 소비 창구를 닫는다. 그리고 보유한 재무자산으로 온 가족이 얼마나 버텨나갈 수 있는지 계산하는 것이다. 물론 생활을 이어갈 재무자산의 중요성은 더 이상 설명이 필요 없을 정도이다. 하지만 대부분의 급여 생활자들이 퇴직 이후 자신에게 투자하여 '생산하는 삶'을 살겠다고 계획하는 경우는 많지 않다. 이러한 심리는 퇴직자의 재무자산 수준과 상관없이 나타난다. 대기업 임원 퇴직자들조차 이러한 심리에서 자유롭지 못하다. 재무자산의 규모만 다를 뿐 퇴직자들이 퇴직 이후의 삶을 불안과 공포로 보내는 이유도 여기에 있다. 나의 역량을 키워 앞으로도 할 수 있는 일거리를 꾸준히 찾기보다 남이 주는 돈으로 쪼개어 살 방법을 우선 생각한다. 그래서 더욱 치열하게 '잘리지 않는 방법'을 고민하고 또 고민하는지도 모르겠다.

'애들 시집장가도 보내야 하고…', '생활비도 빠듯하고…' 맞는 말이다. 그러나 지금 당장 챙겨야 할 것은 '나를 위해 쓸 수 있는 돈'이다. 그 돈은 퇴직 이후 새로운 목표를 달성하기 위한 마중물이기에, 최소 1~2년은 자유롭게 쓸 수 있도록 계획해야 한다. 퇴직 초반에 그동안 하지 못했던 여행을 단기간에 다녀오느라 꽤 많은 비용을 지출하는 경우가 대부분이지만, 이와는 별도로 나의 다음 커리어와 뉴업을 위해 자신에게 투자할 수 있는 금액을 만들어두자. 금액의 크기는 중요하지 않다. 개인의 목표와 취향에 따라 자유롭게 설정하면 된다. 중요한 것은 내가 계획하고 판단하고 실천한다는 것이다. 퇴직 이후를 계획할 때, 이 부분을 결코 놓쳐서는 안 된다. 많은 돈을 쓸 필요는 없지만, 앞으로 월급 대신 무엇을 '생산'해나갈 것인가를 스스로 판단하고 계획하는 것은 정말 중요한 일이다. 이 질문에 대한 대답이야말로 퇴직 이후의 루틴을 찾아갈 수 있는 가장 근본이 된다. 무엇보다 그럴 만한 자격이 있지 않은가 말이다.

소비만 하는 삶은 사람의 마음을 위축시킨다. 뿐만 아니라 퇴직 이후의 선택지를 줄인다. 시간이 갈수록 더 적게 소비하는 삶을 요구할 뿐이다. 이러한 악순환이 퇴직 이후 상당 기간 지속된다면 어느 날 정체된 자신을 마주하게 될 것이다. 그러므로 아주 적은 금액이라도 새로운 일을 모색하는 데 투자한다면 분명 더 나은 일상이 당신을 기다릴 것이다.

박수 칠 때 떠날 수 있도록

'박수 칠 때 떠나라'

1980년 10월 시작한 국민 드라마 〈전원일기〉의 첫 회 제목이다. 누구든 고개를 끄덕이는 지혜의 말이지만 실천하기는 정말 어렵다. 물러날 때를 잘 아는 것 또한 리더의 역할이라지만 그동안 고생스럽게 쌓아온 명성, 역할, 권한과 모든 특전을 뒤로하고 멋지게 그 자리를 떠날 수 있는 사람은 많지 않을 것이다. 노자의 《도덕경》에서도 '공수신퇴 천지도功遂身退 天之道'라 하여 '공이 이루어지면 몸은 물러나는 것이 하늘의 도'라고 한 바 있다. 그러나 박수 칠 때 호기롭게 떠나기가 말처럼 쉽다면 그런 말이 애초에 있지도 않았을 것이다.

'박수 칠 때 떠나려 해도'

22년 후 드라마 〈전원일기〉의 마지막 1088회 제목이다. 그렇다. 어쩌면 이 말이 훨씬 인간적이고 현실적이다. 언제까지 충분한 박수를 즐겨도 좋은지를 아는 것은 정말 어려운 일이다.

앞에 인용한 골드만삭스 전임 CEO 로이드 블랭크페인의 사례를 보면, 물러나야 할 때 떠나는 것이 얼마나 어려운 일인지 실감하게 된다. 그가 직원들에게 보낸 그 메일은 36년 근속 기간과 12년 동안 CEO로서 재직한 시간에 대한 솔직하고 진솔한 심경이 잘 전해진다. 그의 글에서 필자가 주목한 몇 가지는 다음과 같다.

첫째, 그는 스스로 퇴직의 시점과 소회를 밝혔다.

둘째, 후임자가 이어갈 모든 권한을 지지하며 구성원들의 지원을 요청하고 있다.

셋째, 새로운 리더의 역할과 소명을 조직 구성원 모두에게 투명하게 밝히고 있다.

1명의 경영진이 일선에서 물러나 후임에게 권한을 이양하는 과정은 결코 당사자의 결정만으로는 이루어질 수 없다. 떠나는 사람에 대한 존경과 예의, 후임자에 대한 존중과 신뢰. 그것들이 바탕에 있지 않다면 결코 가능한 일이 아니다. 이 얼마나 멋진 컬래보레이션인가?

하지만 안타깝게도 한국 기업들 중에서 이렇게 멋진 의식^{ritual}을 치르고 떠나는 리더들은 극소수에 불과하다. 대부분 어느 날 갑자기 타인에 의해 결정된 순간에 도망치듯 회사를 떠난다. 매해 12월이면 경질성 인사 발령이 소문처럼 돌다가 현실이 되고 가장 마지막에 알게 되는 사람이 당사자인 경우도 많다. 오랜 시간 한결같이 견뎌온 공과의 시간이 마치 한여름 오이를 양손으로 꺾어 부러뜨릴 때 나는 소리처럼 '우지끈' 끊어지는 것 같다. 그 순간이 한 개인에게 얼마나 엄청난 충격과 고통을 주는지 회사와 인사 담당자들은 잘 모르는 것만 같다.

박수 칠 때 떠나는 것은 단지 모든 커리어를 이루었다고 믿는 최고 경영진만의 이야기가 아니다. 현재의 직장 생활이 유한하다고 믿는 사람이라면 스스로 박수 치고 타인에게 박수 받는 그 순간을 미리 준비해야 한다.

명함이 없는 순간, 나는 누구인가?

성공할수록 정체성을 찾기 어려운 이유

"지나고 나서야 알았습니다. 그 역할을 잠시 맡은 것일 뿐이었다고
요. 어떻게 하든 그 자리를 지켜야 한다고 생각했고, 그게 회사를
위하는 일이라 착각했어요. 그런데 명함이 없어지고 나서야 알았습
니다. 현직에 있을 때 다른 일을 준비했어야 했습니다."

_통신사 임원 퇴직자 G님

오래 몸담았던 회사, 동료, 명함. 스스로를 굳건하게 지켜주었
던 그 많은 것들이 한꺼번에 사라졌다. 눈감고도 찾아갈 출퇴근
길은 숨 쉬듯 자연스러운 루틴이었다. 생사고락을 같이한 동료

들은 인생의 든든한 지원군 같았는데 더 이상 만날 수가 없다. 당연하게 여겨온 일상이 무너진 것이다.

화담,하다 리서치&스터디에 따르면, 약 85% 이상의 퇴직자들이 퇴직 당시 극심한 인지적 불안정 상태를 경험한다. 특히 예측하지 못한 상황에서 퇴직을 맞이하면 길고 견디기 힘든 인지적 불안정 단계를 거친다. 그러나 많은 퇴직자들이 자신의 마음을 들여다볼 용기를 내지 못하고 시간을 보내면서, 퇴직 후 안정된 생활은커녕, 그동안 쌓아왔던 전문성을 이어갈 커리어 골든 타임마저 놓친다.

현직에서 퇴직을 준비해야 한다고 막연하게 생각해본 적은 있을 것이다. 그러나 구체적인 행동으로 옮기는 경우는 많지 않다. 같은 연구 결과에 따르면, 직급과 상관없이 현직에서부터 퇴직을 준비한 사람들의 비율은 10% 미만이다. 그런데 이 비율도 새로운 역할을 위한 구체적 실행 방안을 마련한 것이 아니라, '마음의 준비를 했다고 인지'하는 것에 불과하다. 행동으로 옮기지 않는 한 퇴직준비는 시작조차 하지 않은 것이다.

"얄궂게도, 많은 경우 정체성의 새로운 발전을 가로막고 있는 요인은 우리가 중년 이전에 정체성을 구축하면서 거두었던 '성공' 바로 그것이다. 그래서 우리는 중년에 이르기까지 우리 삶을 이끌어준 정신적 모델, 습관, 역할들 속에 갇혀버리게 되는 것이다. (중략) 그저 아무 생각 없이 과거의 역할과 규범대로 나아가다보면 눈앞에 더 넓은 수평선이 펼쳐져 있어도 종종 보지 못할 때가 있다. (중략) 새롭고 적절한 정체성을 수립하는 일에는 과거의 성취로부터 우리 자신을 자유롭게 풀어주는 것도 포함된다."

_윌리엄 새들러William Sadler, 《서드 에이지, 마흔 이후 30년》 중에서

하버드대학 성인발달연구소에서 오랫동안 중년에 관한 심층 연구를 수행해온 윌리엄 새들러는 그의 저서에서 중년 이후 새로운 정체성을 찾기 가장 어려운 대상으로 '사회적으로 성공한 사람'을 꼽는다. 같은 책에서 심리학자 로버트 키건Robert Keegan과 리사 라헤이Lisa Lahey의 말을 빌려 "젊었을 때는 자신에게 주어진 사회적 역할과 자신을 동일시하는 경향이 있지만, 이제는 그 역할을 초월해서 자율성을 가져야 하고 그러면서 동시에 자아를 실현할 수 있어야 한다"고 이야기한다. 이 말은 성공했을수록 중년 이후의 정체성을 발견하기가 더 어렵다는 의미이다. 빛나는 과거가 새로운 인생의 방향을 발견하는 데 발목을 잡는 격이다.

성공한 많은 사람들이 자신의 일이나 타인이 보여주는 존경

을 '자기 자신'이라고 믿기 때문에 갑작스럽게 지위를 상실하면 자신의 정체성을 잃어버렸다고 생각한다. 그러므로 퇴직 후의 새로운 역할을 찾겠다고 결심했다면, 지금까지 본인이 이루어 온 '성공'을 찬찬히 들여다볼 필요가 있다.

9×5cm 세상에서 벗어나기

지금 당장 자신의 명함을 꺼내보자. 앞뒤를 돌려가며 살핀 후 자신의 이름과 직급이 적힌 부분을 손으로 살짝 가려보는 것이다. 어떤 기분인가? 적게는 수십 명이, 많게는 수만 명이 나와 동일한 명함 디자인을 갖고 같은 회사에 다니고 있었음을 그제서야 깨닫는다. 그렇다. 당신은 언제든지 대체 가능하다. 상무, 전무, 대표이사? 당신이 얼마나 높은 포지션에 있었든지 상관없다.

대기업 그룹사 A기업과 현직자를 위한 퇴직준비 프로그램 '라이프 빌드업Life Build-Up'을 진행했을 때의 일이다. 15명 남짓한 참여자들에게 '3분간 자기소개하기' 세션을 제안했다. 모두 한 직장에서 30년 가까운 시간을 성실하게 보낸 평범한 대한민국 직장인들이었고, 최고의 인력으로 각 부서에서 추천을 받은 '고

성과자들'이었다.

원칙은 단순했다. '일에 관한 이야기를 빼고 나를 소개해볼 것.' 그런데 참여자 대부분이 '나는 취미도 없고, 소개할 거리가 없는데…' 하며 매우 난감해했다. 그 자리가 불편하다며 자기소개를 거부하거나 불편한 감정을 그대로 드러내는 참여자들도 있었다. 애써 자기소개를 시작한 사람들도 결국은 '지금 이 회사에서 맡은 과업'이 얼마나 중요한지 설명하는 것으로 마무리했다. 이처럼 우리나라 50대 중·장년층에게 명함이 없는 나는 그저 무명씨다.

지금 당장 명함이 없는 그때를 상상해보자. 나를 어떤 사람으로 소개할 것인가? 현실에서 정신이 번쩍 드는 몇 가지 방법들이 있다. 우선, 명함에서 내 이름을 지워보자. 처음에는 '내가 이 명함을 얻기 위해 얼마나 많은 고생을 했는데…' 하며 그동안 헤쳐온 역경들과 나만 아는 무용담들이 끝없이 생각날 것이다. 그러나 그 명함 속 회사와 직급이 부질없어질 날이 얼마 남지 않았다. 그게 현실이다.

그다음 이력서를 찬찬히 보자. 타인의 이력서를 보듯 살피는 것이 핵심이다. 수십 년 경력이 연대기 순으로 나열되어 있지 않은가? 한편으로는 '아, 뿌듯하고 대견하다' 그런 생각이 들지도 모른다.

그런데 명함과 이력서에 기대지 않은 당신은 누구인가? 남부러울 것 없이 당당히 내미는 명함과 입사부터 지금까지의 이력이 꼼꼼히 적힌 여러 장의 이력서. 하지만 타인은 당신의 연대기에 그다지 관심이 없다. 우리가 유명 화가의 전시회에 가더라도 작가 연보를 무심히 지나치는 이유다. 그저 작품과 그 속의 스토리에 관심을 가질 뿐이다. 오래된 단체사진 속에서도 유독 자신의 얼굴만은 빛의 속도로 찾아낼 수 있듯 모두가 자신에게만 집중한다. 회사 시스템 아래에서 이루어지는 거대한 성과가 모두 나의 능력 덕분인 것만 같고, 지금의 명함과 이력서가 오로지 나의 노력만으로 이루어졌다고 믿는다. 대단히 큰 착각이다. 이 착각에서 벗어나지 않는 한, 회사라는 울타리를 벗어난 삶에서 경쟁력을 얻기는 어렵다. 퇴직 이후 새로운 방향성 찾기의 첫 단계는 '자기 객관화'이며, 그 시작은 '이름 지우기'이다. 현직에서 이름을 지우는 연습을 하라. 퇴직 후면 늦다.

퇴직, 스스로 결정하는 인생 대전환의 순간

"퇴직은 다른 일을 할 수 있는 좋은 기회입니다. 이제는 내가 정말 하고 싶은 일을 할 수 있는 기회를 얻었다 생각하면 퇴직 이후가 그저 막막하지만은 않을 거예요. 그리고 그 계기를 현실화하기 위해 노력하세요. 퇴직 후에 하는 일은 본인이 좋아하는 일이어야 하고 삶의 가치를 실현해주는 일이어야 한다고 생각합니다."

_대기업 유통사 상무 퇴직자 J님

퇴직의 패러다임이 바뀌고 있다. 지금까지의 퇴직은 '커리어의 끝', 일을 할 곳을 잃어버리는 것, 혹은 경쟁력의 상실이나 사회적 도태 등으로 인식되어왔다. 4050세대에게는 여전히 그렇게 여겨지는 것이 현실이지만, 코로나19 팬데믹과 글로벌 경제 위기 등 통제 불가능한 사회적 현상들은 인식 변화를 가속화시킬 것이다. 언제 명함이 없어질지 모르는 미래를 대비할 순간은 바로 지금이어야 한다. 그래야 4050세대는 물론 그 뒤를 잇는 많은 직장인들도 커리어의 한 장을 멋있게 마무리할 수 있는 긍정적인 순간으로 퇴직을 경험할 수 있게 될 것이다.

2장
바로 지금, 퇴직을 준비할 시간!

퇴직준비도 자가진단을 위한
다섯 가지 차원

"지금도 후배들에게 이야기합니다. 노후 생활비가 마련되었다고 퇴직준비가 된 것이 아니라고. 앞으로 어떤 사람들과 무슨 일을 할지, 그 생각부터 곰곰이 하라고요. 저도 많은 시행착오를 거쳤습니다. 저는 퇴직을 결정하기 위한 명확한 기준이 있었고, 그것들이 충족되었다 싶은 순간 과감하게 자리를 내려놓았습니다. 하지만 지나고 나서 보니 퇴직 후의 삶은 재무적인 준비만으로 꾸려갈 수 있는 것이 아니더군요."

_외국계 IT 기업 전무 퇴직자 H님

"얼마면 될까? 얼마면 되겠냐?"

"얼마 줄 수 있는데요?"

지금도 많은 사람들이 기억하는 드라마 〈가을동화〉에서 배우 원빈과 송혜교의 극중 대사이다. 전대미문의 시청률을 기록한 드라마 속 명대사를 퇴직 상황을 대입해 다시 읊어보자. '퇴직준비, 얼마면 될까?'

여러 뉴스나 유튜브 영상에서 '퇴직 이후 재무자산 규모, 이것이 정답이다', '이렇게 따라 하면 퇴직 후 월 1,000만원 보장!' 등 생활비 규모와 재무자산 축적 비결을 알려주는 콘텐츠가 넘쳐난다. 많은 금융 기관에서 퇴직 후 필요 자금에 대한 다양한 예측 결과를 제시하고 있지만, NH투자증권 100세시대연구소가 통계청 자료를 기준으로 분석한 2022년도 자료에 따르면, 전국 은퇴 가정의 월 평균 생활비로 60대는 226만 원, 70대 162만 원, 80세 이상 121만 원으로 나타났다.

그렇다면, 퇴직 후 필요한 생활비, 당신의 대답은 얼마인가? 그 질문에 대한 답은 '그게 얼마이든 충분하지 않다'일 것이다. 이것이 돈의 특성이자, 돈에 대한 우리의 욕망이다. 모두가 평균의 늪에 빠져 남들처럼 살고 싶다고 희망하는 이 사회에서 퇴직준비 역시 평균생활비가 충당되면 그것으로 충분할까? 한편, 평균생활비가 미처 마련되지 못한 삶은 희망이 전혀 없는 것일까? 퇴직준비에서마저 재무자산만을 우선시하는 사회적 인식 때문에, 꼭 필요한 퇴직준비는 엄두도 내지 못한 채 퇴직 이후에 닥쳐올 불안과 좌절감에 미리 빠져들고 있는지도 모른다.

우리는 평균의 삶을 살기 위해 최선을 다한다. 퇴직 순간조차도 '평균 얼마의 노후 자금이 필요한가?'의 대답을 좇기 바쁘다. 하지만 퇴직준비에도 밸런스가 필요하다. 퇴직 후에도 현재의 생활 수준을 유지할 수 있는 재무자산 규모를 파악하고 준비해야 할 필요성은 결코 부인할 수 없지만, 퇴직 이후는 재무자산만으로 완성되는 단순한 삶이 아니다. 이 오래된 인식에서 벗어나지 않는 한 어쩌면 진정한 의미에서 나의 다음 삶을 위한 퇴직준비는 불가능할지도 모른다.

대기업 IT 솔루션 기업의 부장급 장기근속자들을 대상으로 퇴직준비에 대한 인식을 물으니, 60%에 가까운 응답자들이 '재무적으로 최소한의 준비를 마치는 것'이라고 응답했고 40%는 '재무적인 준비 이외에도 필요한 것이 많다'고 응답했다. 반면, 공기업 팀장급 구성원들에게 동일한 질문을 했을 때는 반대의 결과가 나타났다. '재무적인 준비 이외에도 필요한 것이 많다'고 답변한 비중이 65%를 차지했다. 이 차이는 무엇을 의미하는 것일까?

다양한 심층 분석이 추가로 필요하겠지만, 일반 기업의 중·장년 구성원들이 공기업 종사자들에 비해 퇴직에 대한 압박을 더 크게 느끼고, 언제든 비자발적으로 퇴직당할 수 있다는 현실을 절감하고 있음을 의미한다고 할 수 있다. 그래서 재무자산 준비에 높은 우선순위를 두는 것이다. 반면, 공기업에서 오래 재직한 사람들의 경우에는 대부분 정년까지 안정된 생활이 보장되기 때문에 재무적 준비 이외에 필요한 것들을 생각할 여지가 있는 것으로 추정할 수 있다. 실제로 조사 대상이 된 약 40여 개 공기업 구성원들 중 90% 이상이 스스로 정년퇴직을 기대할 수 있다고 응답했다. 하지만 재무적인 준비 이외에 무엇을 준비해야 할지 모르고 뚜렷한 방향성도 세우지 않고 있다는 것이 전체 참여자의 공통적인 답변이다.

그렇다면, 퇴직준비가 잘되어 있는지를 스스로 판단하기 위해 어떤 요소들을 고려해야 할까? 퇴직준비도 진단을 위한 핵심 차원에는 아래 다섯 가지가 있다.

(1) 심리와 정서 Psychology & Emotions
  : 예측 가능성, 퇴직 절차 공정성, 퇴직 심리, 자기 객관화 외
(2) 관계와 태도 Relationship & Attitude
  : 관계 안정성, 관계 유형, 소통 방식, 관계 변화 인식 정도 외

(3) 목표 가치와 라이프스타일 Goal & Lifestyle

: 목표 가치 인지 정도, 목표 가치 명확성, 실행 준비 정도 외

(4) 커리어 경쟁력 Career Competency

: 커리어 경쟁력 인지도, 커리어 역량 인지도, 재취업 경쟁력,
  경력 변화 수용 정도 외

(5) 뉴업준비도 New-UP(業) Readiness

: 뉴업 인지도, 뉴업 목표 명확성, 네트워킹 역량, 창의력 외

이 다섯 가지가 균형을 이룰 때 비로소 퇴직준비가 되었다고
말할 수 있다. 이 다섯 가지는 퇴직자들은 물론 현직자들에게도
공통적으로 적용 가능한 요소들이다. 누구든 퇴직 이후 안정적
인 삶을 꾸려가기 위해서는 이 다섯 가지를 주기적으로 점검해
나가야 한다. 최소한 퇴직 예상 시점 3년 전부터 퇴직 이후 3년
정도의 변화 과정을 면밀하게 파악하여 현명한 퇴직준비와 실
행의 여정을 꾸려가는 것이 좋다.

오른쪽의 그래프는 비슷한 퇴직 예정일을 앞둔 두 사람의 퇴직
준비도(RRI) 진단 결과이다. 그래프만으로도 퇴직준비도에 상당
한 차이가 있음을 알 수가 있다. 좌측 사례는 미인지(노비스) 단
계로서 다섯 가지 차원 전반에 걸쳐 낮은 준비 상태를 보여준다.

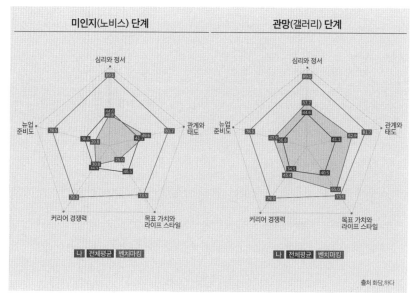

퇴직준비도 진단 결과 예시

특히, 목표 가치와 라이프스타일 차원 및 뉴업준비도 차원의 준비 상태가 현저히 낮음을 알 수 있는데, 이는 명확하지 않은 목표 의식이 뉴업 준비도 차원에도 영향을 미치기 때문인 것으로 보인다. 반면, 우측 사례는 관망(갤러리) 단계인데 상대적으로 안정적인 퇴직준비 상태를 보여준다. 하지만 이 경우도 아직은 퇴직준비가 잘되었다고 볼 수는 없는 단계이므로 자신의 퇴직준비도를 진단하고 지속적으로 상태를 살펴야 할 필요가 있다.

심리와 정서

퇴직준비의 출발점이자 다섯 가지 차원 중에서도 가장 큰 비중을 차지한다. 지금까지 우리 사회는 중·장년 세대의 퇴직 전후 심리와 정서에 큰 관심을 두지 않았다. 이는 베이비부머와 X세대 직장인들이 퇴직에 관한 자신의 마음을 들여다볼 기회가 없었고 정서적으로 보살필 필요성을 크게 의식하지 못했기 때문이다. 그저 회사의 부름에 따라 '무엇이든 해낸다'는 일념으로 부지런히 회사와 집을 오간 사람들은 퇴직 순간이 올 것을 실감하지 못하고 퇴직 이후의 상실감을 상상조차 하지 못한다. 또한, '대한민국 중년 세대'가 사회 생활에서 겪는 고충을 말로 표현하는 것을 탐탁지 않게 생각해온 사회적 인식 탓에 퇴직과 관련한 속내를 드러내고 싶어하지 않는 사람들이 많다.

그런데 퇴직 전후의 정서적 안정감이야말로 퇴직 후 삶에 지대한 영향을 미친다. 앞으로 펼쳐질 여정을 이해하고 정서적으로 대비하는 사람과 그러지 못한 사람의 차이는 재차 설명할 필요도 없다. 이처럼 퇴직이 남은 인생에 미치는 영향은 막대하지만, 대부분의 현직자들은 경험하지 못했기에 상상조차 할 수가 없고, 퇴직자들은 자신의 정서적 상태를 공유하지 않으려고 한다. 퇴직하면 정서적으로 어떤 일이 발생하는지 모르는 상태로 퇴직을 맞이하는 것보다 위험한 일은 없다. 그러므로 퇴직 전후 누구나 겪는 심리적 과정에 대한 이해를 바탕으로 나의 심리와 정서를 살피는 것은 퇴직 이후의 소프트랜딩soft-landing을 위해 필수 불가결하다. 최소 퇴직 3년 전부터 퇴직 3년 후까지는 꾸준히 자신의 마음을 살피기를 권한다.

그중에서도 가장 큰 영향을 미치는 차원은 예측 가능성이다. 예상치 못한 순간에 비자발적으로 퇴직했거나, 회사의 정책상 사내에 희망퇴직이 잦다면 매우 불안정한 심리와 정서 상태에 빠지게 된다. 예를 들어, 갑자기 퇴직당했거나 그럴 가능성이 높다고 인지하면 매우 불안한 심리에 빠져들 것은 당연하다. 대표적인 사례로 대기업 임원들을 들 수 있다. 대부분 언제 비자발적으로 퇴직할지 모르는 위험을 늘 안고 있고, 그럼에도 임원 포지션을 유지하는 것을 무엇보다 중요하게 생각하기 때문에 퇴직 불안도가 높은 사람들이 상당히 많다. 이들은 전반적으로 퇴직 전후 심리적 불안정성이 매우 높아서 퇴직 후 일상을 회복하기도 가장 어려운 대상들이다. 퇴직 이후 부정적 정서가 폭발적으로 터져 나오는 사례도 빈번하다. 평소 겉으로 표현하지 않고 소위 사회적 매너로 감추고 있다가 퇴직 후 이전만큼 대우받지 못하는 현실을 자각하면 급격하게 분노하거나 공황 상태에 이르게 되는 경우도 상당히 많다. 이와는 달리 정년퇴직 가능성을 높게 인지하거나 회사의 퇴직 지원 정책에 대한 신뢰가 높으면 퇴직 심리와 정서는 상당히 안정적임은 말할 것도 없다. 그러므로 자신이 맞이하게 될 퇴직 유형을 예측해보는 것이 필요하다.

지금 당장 생각해보자. 내가 다니는 이 회사는 정년퇴직이 가능한가? 평균 근속년수는 얼마나 되는가? 어떤 지원 정책들이 있는가? 이외에도 긍정적 혹은 부정적 요소에는 무엇이 있는가? 이 모든 요소들이 현직에서 구상되어야 한다. 임원이 되었다면, 바로 그 순간부터 다음을 염두에 두는 것이 바람직하다. 이와 함께, 퇴직 이후에 변화하는 자신의 정서 상태를 지속적으로 살피는 것도 매우 중요하다. 퇴직준비와 실행은 장기전이다. 이처럼 심리와 정서는 퇴직의 예측 가능 여부에 따라 큰 차이를 보이고, 퇴직 절차 공정성, 퇴직 심리, 자기 객관화 정도에 따라서도 달라진다.

관계와 태도

퇴직 전후 주변 사람들과 어떤 관계를 형성하고 퇴직 후 변화된 관계를 스스로 어떻게 인지하는지 등 관계 변화에 대한 이해와 적응 여부에 따라 퇴직 이후의 삶이 크게 달라진다. 배우자를 포함한 가족 관계, 사회적 네트워킹 범위, 업무 외적으로 만날수 있는 커뮤니티의 범위 등이 퇴직준비 및 실행 과정에 지대한 영향을 미친다. 특히, 관계와 태도는 심리와 정서 차원과 함께 퇴직에 대한 부정적인 인식에서 벗어나기 위해 고려해야 할 가장 우선적인 차원이라고 할 수 있다. 가족, 친구 및 지인들과의 관계를 어떻게 인지하고 발전시켜나갈 것인지가 퇴직 이후의 새로운 일상을 설계하기 위한 핵심이 된다.

목표 가치와 라이프스타일

목표 가치는 퇴직 이후 새롭게 추구하는 삶의 목표 방향성을 의미한다. 이 목표가 명확하고 새로운 루틴을 포함한 라이프스타일이 안정화될수록 원하는 퇴직준비에 가까워진다고 할 수 있다. 목표 가치는 대략 아래의 다섯 가지 방향을 통해 구체화할 수 있는데, 이에 따라 원하는 라이프스타일을 만들어가야 한다.

(1) 사회적 기여
(2) 자아실현 추구
(3) 지적 욕구 충족
(4) 경제적 소득 기대
(5) 소셜 포지션 유지

어떤 목표 가치를 설정할지 막막하다면 우선 나와 가장 가깝다고 여겨지는 방향 한두 가지를 선택하고 작은 것이라도 실천해가는 것이 좋다. 퇴직 후 목표 가치는 개인마다 상이하며, 같은 목표라도 어떻게 실현할 것인가는 각자의 뜻에 달려 있다. 예를 들어, '경제적 소득 기대'라는 목표 가치를 추구한다고 하더라도 재취업을 통해 이전과 유사한 경제적 수입을 원하는 사람도 있고, 일주일에 몇 회 정기적인 수익 활동을 원하는 사람들도 있을 것이다. 창업을 통한 수입을 기대하는 사람도 있고, 프리랜서를 원하는 사람도 있을 것이다. 이처럼 한 가지 목표 가치라도 개인마다 달성 방법이 다르다.

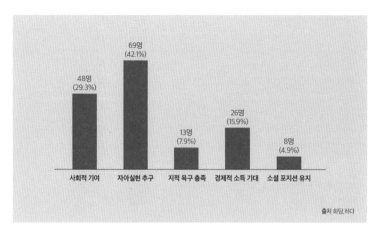

출처 화담.하다

정년 퇴직을 1년 앞둔 교사들의 목표 가치 선택 비중

한편 목표 가치는 개인의 성향뿐만 아니라 퇴직까지 남은 기간, 최종 직급, 직종 등에 따라서도 차이를 보인다. 직장인 퇴직자 및 퇴직 예정자들의 약 70% 이상이 '경제적 소득 기대'를 선택하는 반면, 공공기관 및 학교 퇴직자들은 '사회적 기여' 및 '자아실현 추구'에 75% 이상의 높은 선호를 드러낸다. 위의 그래프는 정년퇴직을 앞둔 교사들의 목표 가치 선택 비중이다.

따라서 목표 가치를 나에게 맞게 구체화하는 것이 중요하다. 목표 가치는 퇴직 후의 라이프스타일이나 가치관과도 직결되기에 자신이 원하는 것이 무엇인지를 잘 살피고 현실 가능한 대안을 모색하는 노력이 필요하다.

커리어 경쟁력

많은 직장인들이 퇴직 후 재취업을 원한다. 월급 생활자로서 다른 대안을 구상해본 적이 없기 때문이다. 그런데 자신의 커리어 경쟁력을 면밀히 파악한 후 재취업 시장에 뛰어드는 경우는 많지 않다. 자신의 역량 및 전문 분야의 시장 환경에 기반해 재취업 가능성을 철저히 분석하는 것은 당사자의 몫임에도 불구하고, 많은 퇴직자들이 안일하게 생각하는 경향이 있다. 대개는 '내가 누구인데, 어떤 포지션에 있었는데…' 혹은 '내가 모 그룹에서 얼마나 다양한 경험을 했는데…' 하면서 자신의 커리어 경쟁력을 객관적으로 바라보지 못하는 경우가 많다. 그래서 퇴직 후 '몇 달 쉬다보면 제안이 오겠지…' 하며 무작정 헤드헌터들에게 이력서를 건네거나, 자신은 뭐든지 다 할 수 있다고 이야기하면서 정작 본인의 전문 영역을 명확히 설명하지 못하는 사람들도 많다. 안타깝게도 이는 상대적으로 높은 포지션에서 비자발적으로 퇴직한 사람들에게 공통적으로 일어나는 현상이다.

중·장년층의 퇴직 후 재취업 비율이 10%를 넘지 않는다는 것이 국내 주요 서치펌 전문가들의 공통된 의견이다. 퇴직 전에는 경쟁력을 검토할 기회가 없었고, 막상 퇴직하니 조급한 마음으로 '무엇이든 다 할 수 있다'고 무리수를 둔다. 하지만 자신의 경쟁력을 명확히 파악하는 것부터 시작해야 퇴직 후 자신이 원하는 커리어 방향성을 이루어갈 수 있음을 명심하자. 나의 전문성, 재취업 의지, 목표, 전문 영역의 시장 경쟁력, 약점 보완 방안 등을 스스로 먼저 파악하고, 나의 전문성을 바탕으로 도전해볼 만한 비관련 영역들이 있는지도 면밀하게 살펴야 한다. 전문가에게 도움을 청해 객관적인 판단을 들어보는 것도 중요하다.

뉴업준비도

뉴업준비도는 생소한 용어이지만 어려운 개념은 아니며, 이 책의 핵심을 관통하는 용어이기도 하다. 뉴업준비도는 지금과는 다른 새로운 영역에 도전하거나, 기존의 역량과 전문성을 활용하여 연계·확장한 영역 혹은 일의 방식을 찾아가는 것에 준비된 정도를 의미한다.

많은 사람들이 퇴직하면 이전과 같은 포지션으로 재취업하거나 커리어를 이어갈 수 있으리라는 희망을 버리지 않는다. 그러다가 좌절을 겪고 현실이 녹록지 않음을 비로소 깨닫게 된다. 운 좋게 재취업에 성공했다고 해도, 스스로는 눈높이를 많이 낮추었다고 믿는다. 그런데 안도의 숨을 다 내쉬기도 전에 평균 1년 6개월 후면 또다시 두 번째 퇴직을 맞이한다는 경험적 통계가 있다. 퇴직 후 재취업이라는 현실의 문턱을 다시 넘었다고 한들, 거기가 끝이 아닌 것이다. 첫 번째 퇴직에서의 좌절감을 성급한 재취업으로 탈출하려는 사람들에게 두 번째 퇴직은 더욱 큰 심리적 불안을 안기는데, 대부분은 그 모든 여정을 지나고 나서야 현실을 자각하게 된다.

누구라도 월급쟁이 생활의 마침표를 찍어야 하는 때는 온다. 그때야말로 스스로 일어서야 할 때이지만 재취업 기회만을 찾으며 시간을 허비하는 동안 완전한 독립을 위한 새로운 역할, 즉 뉴업의 방향성은 더욱 모호해진다. 따라서 처음 퇴직을 하는 순간에 재취업과 뉴업 방향을 동시에 고민할 필요가 있다.

퇴직준비는 빠를수록 좋다. 퇴직 후 당장 재취업에 성공했다고 기뻐할 일이 아니며, 지금 깊은 심리적 충격에 빠졌다고 걱정할 일도 아니다. 누구나 맞이할 퇴직 전후의 여정을 이해하고, 나의 방향성을 스스로 찾아가야 한다. 이처럼 퇴직에 대한 불확실성을 최소화하고 중장기적 퇴직 전략을 스스로 만들어가기 위해서 퇴직준비도를 직접 진단해보기를 권한다.

퇴직 후 삶의 균형을 위한
세 가지 준비물

"그동안 여행이라고는 못 갔죠. 지난 30년간 와이프와 가까운 동남아에 두어 번 다녀온 것이 전부였어요. 그래서 마음먹고 북유럽 여행을 2주간 다녀왔습니다. 경치도 좋고, 와이프도 좋아했어요. 그런데 제 마음이 딴 데 있었어요. 빨리 돌아와야 할 것 같고, '헤드헌터가 내게 전화를 할 텐데…, 내가 여기서 이러고 있으면 안 될 텐데…' 그런 생각이 들어 핸드폰이 손에서 떠나질 않는 겁니다. 어디가서 뭘 봤는지 기억도 안 납니다."

_중견 유통사 구매팀장 퇴직자 S님

원하지 않은 퇴직 후 심리적으로 안정되지 못한 상태에서 구직 활동을 시작하면서, 커리어 전문가들에게 자신의 취약성을 그대로 드러내어 어렵게 쌓아온 경쟁력의 바닥을 가차 없이 보여주는 경우가 의외로 많다. 위 사례도 마찬가지다. 구직자의 복잡한 심경과 부정적 정서는 숨길 수가 없다. 퇴직 심리와 정서, 재취업을 하고자 하는 명확한 목표, 재취업 후 예상되는 커리어 방향 등 퇴직 이후에 마주할 수 있는 다양한 가능성에 대한 면밀한 검토 없이 성급한 마음에 포지션을 찾는다면 재취업 가능성은 물론 중장기적 커리어 방향을 어둡게 할 수 있는 위험만 높아진다.

자의이든 타의이든 소속감을 잃는다는 것은 인생의 큰 변화임에 틀림없다. 미래에 대한 불안과 공포를 오롯이 혼자 짊어져야 하는 상황이 된 것이다. 그 두려움을 딛고 일어서서 자신만의 뉴업 방향을 꾸려가든 아니면 한 번 더 자신의 커리어를 이어갈 일자리를 찾아 나서든 퇴직 이후의 삶은 지난한 여정이 될 것이다. 이럴 때일수록 중심을 단단히 잡고 균형감을 찾아야 한다. 그렇다면 퇴직 후 삶의 균형을 찾기 위해 반드시 필요한 것들은 무엇일까?

(1) 일거리: 나에게 어울리는 새로운 역할
(2) 놀거리: 취미와 취향을 발견하는 경험의 확장

(3) 생각할 거리: 나와 타인에 대한 깊은 성찰과 넓은 이해

후반기의 인생에서 반드시 필요한 것은 이 세 가지이다. 퇴직 후에는 일거리를 통한 새로운 역할, 놀거리를 통한 여유, 생각할 거리를 통한 사색과 성찰이 필요하다. 퇴직을 계기로 이 세 가지를 마음껏 해볼 수 있는 기회를 얻는 셈이다. 어느 하나 중요하지 않은 것이 없다. 이 세 가지 '거리'들이 균형을 이룰 때 좋은 퇴직 이후의 삶을 꾸려갈 수 있다.

그런데 대부분의 퇴직자들이 이들을 각각 독립적으로 생각한다. 간단한 예를 들어보자. 드디어 정년퇴직을 하는 그날이 왔다. 30년을 훌쩍 넘는 그 시간 동안 정말 잘 버티어준 나에게 박수를! 아쉬움과 미련 속에서 조금은 후련한 마음도 들 것이다. '그래, 잠시 모든 것을 잊고 훌훌 떠나고 싶다.' 이런 경우에 많은 사람들이 그동안 버킷 리스트에 올려둔 여행을 떠나기로 한다. 대한민국 명산을 찾아 전국을 누비거나, 산티아고 순례 길을 완주하고, 조금 더 여유가 있다면 유럽 크루즈도 괜찮겠다. 제주도 한 달 살기도 꿈같은 일이겠고, 남미 투어 정도 된다면 더할 나위 없겠다. 그런데 퇴직 후의 여행은 지금의 상황을 잠시 잊게 할 뿐 상황을 바꾸지는 못한다. 그동안 고생한 배우자를

위해 긴 여행을 다녀왔지만 정작 스스로는 온전히 휴식하지 못했다는 사람들도 상당수다. 그 시기에 맞는 일거리와 생각할 거리를 구상하지 못했기에 일어나는 대표적인 현상이다.

> "나는 퇴직하면 놀기만 할 겁니다. 노후 자금도 제법 모아두었고 코인도 좀 하고 있어요. 집도 있고 자식들도 다 컸습니다. 손녀에게 적지만 재산을 조금 물려주고 와이프와 여행하면서 그렇게 살 겁니다."
>
> _대기업 IT 계열사 정년퇴직자 P님(퇴직 직후)

정년퇴직 후 '놀고만 싶다'는 P님의 심경이 진심으로 이해가 된다. 왜 그렇지 않겠는가? 신입사원으로 입사한 후 30년 이상을 한결같이 보낸 일상의 끝에 이제껏 해보지 못한 색다른 경험으로 여행을 선택하는 것은 너무나 당연하다. 그러나 일탈에 대한 P님의 희망은 짧게는 6개월, 길게 잡아 1년 후면 사라질 가능성이 크다. 그것이 많은 퇴직자들이 경험하는 현실이다. 실제로 P님과의 첫 만남 이후 약 4개월이 지났을 때 그는 처음과는 많이 달라진 심경을 이야기했다. 눈에 띌 만한 변화도 발견할 수 있었다. 처음 만났을 때 말로는 '퇴직해서 마음이 편안하다'고 이야기했지만 어딘가 모르게 서두르고 불안정한 모습을 보였다. 반면에 넉 달 후에는 처음과는 달리 대화에 집중하는 모습을 보였고, 스타일 및 태도에서도 한층 여유로움과 편안함이 느껴졌다. 그렇지만 여전히 미래에 대한 구체적인 계획은 없었으며 새로운 일상을 구체화하지도 않은 상태였다.

"퇴직 이후부터 지금까지 나에 대해 생각해볼 시간이 많았습니다. '내가 행복해지려면 어떻게 해야 하지?' 그런 생각을 많이 합니다. 가정에서는 큰 문제가 없어요. 아내와 독립적인 생활을 하는 편인데, 서로에 대한 믿음이 있기에 가능하다고 봐요. 아내가 늦게까지 친구들과 시간을 보내도 크게 신경 쓰지 않고, 나도 스스로 밥 차려 먹고 지내요. 하지만, 무슨 일을 할 것인지는 아직 생각해보지 않았고 루틴이 명확하게 생기지는 않았습니다. 그런 점이 또 다른 불안으로 다가옵니다."

_대기업 IT 계열사 정년퇴직자 P님(퇴직 4개월 후)

재무자산의 규모가 퇴직 이후의 균형된 삶을 보장하지 않는다는 것은 많은 사례들이 증명하고 있다. 그중 국내 굴지의 그룹사 전 대표이사 Y님과의 만남이 오랫동안 아주 인상적으로 남아 있다. Y님은 퇴직하면서 회사로부터 2년간 사무실, 차량, 비서 등을 지원받았다. 사장단급 경영진을 위한 특별한 혜택인 외형적 지원이 퇴직 이후에도 그대로 제공되니, 어찌 보면 스스로도 이전의 사회적 포지션이 얼마간 유지되는 것처럼 여겨졌을 것이다. 회사에 대한 짝사랑을 계속하듯, Y님은 2년 전에 퇴직한 회사의 안전한 그늘 아래에서 퇴직 이후의 삶을 평안하게 누리고 있는 것처럼 보였다. 그러나 웬만한 회사 사무실 크기는 되어 보이는 개인 사무실에서 소소하게 주식을 하면서 자녀들에게 나누어줄 유산이 부족할 것을 염려하고 있었으며, 머지않아 회사의 지원이 끊어지는 순간을 불안해하고 있었다. 게다가 자신을 이전 포지션으로 대우해주지 않는 타인에게 쉬이 불편한 감정을 드러내고, 가끔은 후배들에게 골프 비용을 대신 내주는 정도를 '베푸는 삶'이라 여기며 지내고 있었다.

회사 안에서 쌓은 개인의 명성은 하루아침에도 사라질 수 있다. 평범한 퇴직자들이 상상할 수 없을 만큼 많은 퇴직금을 받고 퇴직했더라도 퇴직 이후의 균형된 삶이 보장되지는 않는다. 퇴직 전에 재무자산을 풍족하게 마련했다 하더라도 결코 풍요로운 삶이라고 할 수는 없을 것 같다. 만약 Y님이 조금이라도 일찍 그동안 많은 사람들이 자신을 위해 여러 가지 수고로움을 감당했다는 것을 알아차렸으면 어땠을까? 이전에 누렸던 자신의 포지션이 결코 혼자 만든 성공이 아니었음을, 가족과 동료들의 시간과 노력이 있었음을 현직에서부터 자각하기 시작했다면 퇴직 이후의 일상이 지금보다는 더 소소하고 의미 있는 일들로 채워질 수 있지 않았을까?

반면에 중견 그룹사 고참 부장으로 30년 가까이 근속한 B님은 퇴직에 대한 막연한 불안감을 떨쳐버릴 수가 없었다. 임금피크제가 적용되면서 월급은 더 이상 오르지 않을 상황. 오히려 회사 내에서의 지위가 후배들에게 서서히 밀리고 있는 현실도 인정할 수밖에 없었다. 남들도 다 겪는 퇴직을 자신이라고 피할 방법은 없을 듯하여, 사무실 근처에 있는 소위 '잘나가는' 식당과 카페, 편의점들을 눈여겨보면서 퇴직 후 할 수 있는 일을 실천해보기로 했다. 그리고 퇴직준비 실전에 돌입했다. 그간 눈여겨보았던 식당 사장들에게 사정을 설명하고 약 6개월 동안 매주 주말에 무급으로 아르바이트를 했다. 처음에는 조금 부끄러운 마음도 들었지만 상관없었다. 지금의 경험으로 인해 퇴직 후 가족과 함께 살아갈 미래가 부끄러워지는 것은 아니지 않는가 생각했다. Y님과 B님 중 어떤 사람이 더 퇴직 후의 삶을 주도적으로 살아갈 수 있을까?

답은 모두가 알고 있다. 살아가기 위해 돈은 분명 중요하지만 재무자산의 규모가 퇴직 이후의 삶을 보장하지는 않는다는 사실을 깊이 이해해야 한다. 일거리, 놀거리, 생각할 거리. 이 세 가지를 균형적으로 다룰 수 있어야 주도적인 삶을 살아갈 수 있다. 그리고 시간의 흐름에 따라 이 세 가지의 균형점을 자연스럽게 이동시켜나갈 수 있어야 한다. 퇴직 직후에 구상한 일·놀·생의 비중은 퇴직 후 3년이 지난 시점의 비중과는 분명 달라야 할 것이다. 이 세 가지의 균형점을 통해 목표를 잃지 않고 퇴직 이후의 삶을 이끌어갈 수 있으며, 더 나아가 나를 완전히 변화시키는 뉴업을 완성시킬 수 있을 것이다. 자, 이제 이 일·놀·생을 하나씩 살펴보자.

일거리

"'대체 무엇을 위해 일하는 걸까?' 그럴 때는 한 가지 사실을 떠올려 보라. 일하는 것은 우리의 내면을 단단하게 하고, 마음을 갈고 닦으며, 삶에서 가장 가치 있는 것을 손에 넣기 위한 행위라는 것을."

_이나모리 가즈오稲盛和夫, 《왜 일하는가》중에서

우리는 일을 어떻게 대하는가? 많은 직장인들이 마지못해 일한다고 주저 없이 말한다. 회사와 상사를 위해 나의 귀한 시간과 노동을 제공해준다고 여긴다. 월급은 나의 진정한 가치보다 항상 부족하다. 늘 손해 보는 장사를 하는 것처럼, 나 자신이 아닌 타인을 위해 일한다고 생각한다.

지금, 당신에게 일은 어떤 의미인가? 여태 지겹도록 회사를 다니다가 어느 날 회사를 탈출하면 '드디어 해방이구나' 싶을 법도 하지만, 여전히 대부분의 사람들이 퇴직 후에도 '일'을 찾는다. 그리고 그 일은 재취업에 대한 절박한 의지에서 시작되어 절망으로 끝나는 경우가 많다. 조금 더 냉정하게 말해보자면, 또다시 꼬박꼬박 월급을 받을 '일자리'를 찾아 나섰다가 나이와 세태라는 현실에 부딪혀 좌절하고 만다. 일자리 대신 일거리를 찾아야 한다. 이제는 타인이 주는 월급에서 벗어나 스스로 새로운 가치를 만들어갈 수 있는 '일거리'가 퇴직 후의 첫 번째 준비물이다.

퇴직 후 일거리를 찾는 일은 인생의 새로운 목표 가치를 실현할 수 있는 중요한 계기가 된다. 물론 경제적인 사정도 퇴직 후 일을 계속해야 할 이유가 되지만, 퇴직 후에 하는 일이야말로 자신의 가치관을 실현해갈 수 있는 좋은 기회다. 그러므로 퇴직 이후에는 무엇을 할 것인가보다 어떤 삶을 살아갈 것인가에 초점을 맞추어 장기적인 플랜을 세워야 한다. 퇴직 후 일거리는 일단 '재취업'의 퇴로를 막고 근본적으로 고민하는 것이 바람직하다. 일거리를 찾는 과정에서 내가 원하는 재취업 기회가 나타나면 좋겠지만 그렇지 못할 가능성에도 대비해야 하며, 그 이후에 이루어갈 나만의 일거리를 구상하는 과정에서 단기적인 플랜으로서 재취업을 모색하는 것이 좋다.

퇴직을 하고서도 왜 일하려고 하는가? 그리고 어떤 일을 하고자 하는가? 그 일을 통해 어떤 삶을 살기를 바라는가? 삶의 목표 가치를 찾아가는 여정에서 '일거리'는 삶의 방향을 세울 수 있는 가장 중요한 준비물임에 틀림없다. 무엇이든 하되, 아무거나 하지는 않겠다는 절박함으로 퇴직 이후의 일거리를 구상하자. 이 책의 3장에서 제시하는 일곱 가지 뉴업 옵션들을 살펴보기 바란다.

놀거리

퇴직 후에는 '잘' 놀아야 한다. 퇴직 후 쉬고 싶은 생각만으로 당분간은 '아무것도 하지 않고 놀고 싶다'는 사람들이 많다. 앞서 대기업 IT 계열사에서 신입사원으로 입사하여 정년퇴직한 P님도 퇴직 직후 그런 심경을 토로했다. 그동안 일에만 몰두했던 시간들이 억울하기도 하고 가족, 특히 배우자에게 미안한 마음도 들어 놀거리부터 구상하는 경우가 많다. 해외 여행 몇 주, 휴식 몇 주, 골프 몇 달의 계획은 그야말로 꿈같은 시간일 것이다.

하지만 그 이후에 기다리는 것은 루틴이 사라진 일상뿐이다. 알맹이가 없는 일상에 빠져들면 이내 심리적인 불안과 무기력이 몰려온다. 퇴직 후에 하고 싶은 일거리를 찾고자 하는 동력도 잃기 쉽다. 그러므로 퇴직 후 놀거리를 계획적으로 구상하는 것이 중요하다. 또한, 왜 놀아야 하고 어떻게 놀면 더 유익할지, 누구와 함께할지를 꼼꼼히 챙겨야 한다. 이 경험들을 모아 새로운 일거리와 생각할 거리를 위한 소중한 자산으로 사용해야 한다.

대기업 신규 사업 추진단장을 맡아 조직을 이끌던 C님 역시 퇴직 이후 새로운 경험을 위해 상당히 오랜 시간을 놀거리로 보냈다. 산티아고 순례길을 다녀오고 일본에서 한 달 살기를 하기도 했는데, 현지인들에게 우연히 음식을 해주게 되면서 요리에 관심과 재능이 있음을 알게 되었다. 그 이후로 유수의 요리학교를 거쳐 요리사로 변신했고 짧은 기간이지만 레스토랑도 직접 운영했다. 지금은 한 글로벌 기업의 대표이사로서 또 다른 변신을 이어가고 있지만, 분명 자신에게 맞는 놀거리를 찾는 과정이 퇴직 이후의 삶에 좋은 자양분이 되었을 것이다.

이처럼 퇴직 이후의 놀거리는 정체성을 발견할 수 있는 계기가 된다. 그리고 그 과정에서 수많은 생각할 거리들을 만나게 된다. 퇴직 이후에 이전과는 전혀 다른 일들로 '성공'을 만들어가는 사람들은 반드시 '꽤 오랜 시간 잘 놀았다'는 경험이 있다. 그리고 그 과정에서 자신도 몰랐던 재능을 발견하고, 타인과 소통하며 세계를 넓혀간다. 그러니 홈쇼핑이나 인터넷 광고를 보고 성급하게 신청하는 할인 특가 해외 여행 대신, 퇴직 여정을 빛내줄 보석 같은 놀거리들을 만들어가길 바란다.

생각할 거리

'퇴직 이후 무엇을 해야 할지도 모르는데, 생각할 거리를 찾으라니!' 생각만 해도 숨이 탁 막히는 기분이다. 그도 그럴 것이 4050세대 대부분이 회사와 일을 나보다 더 중요하게 생각하는 삶을 살았다. 이제 와 생각해보면 어처구니가 없겠지만, 내가 없으면 회사가 망할 수도 있다고 생각했을 것이다. 상사가 지시한 업무는 절대 거역할 수 없고, 오직 나만이 그 문제를 해결할 수 있다고 믿은 적도 있었다. 이처럼 회사에 기울어진 삶을 사는 동안, 내가 어떤 사람인지, 무엇을 중요하게 여기는 사람인지 잊고 지냈다. 회사 일 외에는 소홀할 수밖에 없었던 시간을 생각할 거리들로 풍요롭게 채워야 한다. 바쁘다는 핑계로 그동안 소홀했던 것들이 나에 대한 생각, 가족 구성원들을 향한 마음, 주변 사람들과의 관계가 아니던가? 탈출이건 퇴출이건, 회사를 떠난 후에 남은 것은 짧은 해방감과 긴 허무, 분노, 불안의 3종 세트!

그러므로 깊은 자기 인식을 기반으로 주변과의 관계를 새롭게 설정해야 한다. 생각할 거리를 찾는 일을 퇴직 이후로 미뤄두지 마라. 현직에 있는 동안 매일 오고 가는 출퇴근길에서, 바쁜 업무를 잠시 뒤로하고 잠깐의 휴식을 즐기는 동안, 지금 당장 준비할 수 있다. 짬짬이 채워둔 생각들을 엮어 일거리와 놀거리를 연결시킨다면 현직에서 시작하는 퇴직준비가 그리 먼 이야기만은 아닐 것이다.

현직에서 시작하는 4단계 워밍업

현직자를 위한 퇴직준비도 체크리스트

☐ 나는 재직 중인 회사에서 정년퇴직을 기대할 수 있다.

☐ 나는 언제든 자발적으로 퇴사할 의사가 있다.

☐ 나는 퇴직이 언젠가는 닥칠 일이라고 늘 생각한다.

☐ 현직에 있는 동안 퇴직 이후의 삶을 생각하고 준비한다.

☐ 나는 퇴직 이후의 삶에 대해 어느 정도 예상할 수 있다.

☐ 나의 퇴직 과정은 납득할 만한 절차에 따라 진행될 것으로
믿고 있다.

☐ 퇴직 순간에 성공적인 커리어에 대한 만족감이 클 것이다.

☐ 가족들은 언제든 내가 퇴직할 수 있음을 이해하고 있다.

☐ 퇴직 이후 삶의 목표가 어느 정도 구체화되었다.

☐ 퇴직은 나의 커리어에서 새로운 가능성과 기회를 줄 것이다.

☐ 나는 '변화와 도전'이라는 단어를 마주하면 새롭게 시도할
마음이 생긴다.

☐ 퇴직 이후를 위한 재무자산이 안정적으로 준비되었다.

※ **진단 방법**: 그렇다 3점, 아니다 1점, 잘 모르겠다 2점

1~20점: 퇴직은 나와 상관없는 일이라고 믿고 싶군요. 노비스 단계입니다.

21~26점: 퇴직이라는 단어가 자주 보이고 들리기 시작해요. 갤러리 단계입니다.

27~31점: 누구라도 피할 순 없죠. 퇴직준비의 첫걸음을 시작한 부킹 단계입니다.

32~36점: 드디어 티잉 그라운드에 당당히 서셨군요. 티업 단계입니다.

 보다 정교한 진단은 화담,하다 홈페이지 또는 QR코드를 스캔하여 접속하면 이용할 수 있습니다.
RRI 퇴직 적응 단계 진단 https://www.whadam.co/solution

"사실, 퇴직준비할 시간 있어요. 50대 초·중반에 팀장 보직에서 내려오면 회사에서 그다지 중요한 일 안 맡겨요. 다 알잖아요. 그런데 안 하는 거예요. '내 좋은 시절은 다 갔다. 월급 때문에 버틴다' 하면서 매일 같은 시간에 회사 나와서 비슷한 처지의 동료들과 신세 한탄하죠. 준비할 시간이 없는 게 아니라 그냥 안 하는 겁니다."

_대기업 건설사 28년 차 부장 T님

많은 골프 애호가들이 인생을 골프에 비유하고는 한다. 인생과 골프가 결코 내 마음대로 되지 않는다는 것이 꼭 닮았단다. 라운드를 시작하기 전에는 설렘과 기대로 가득하지만, 마지막 홀을 빠져나올 때까지 예상대로 되는 경우가 없다. 골프를 치는 매 순간이 내 인생의 우여곡절과 같고, 그때 느끼는 희로애락이 구구절절 내 이야기 같단다.

그런데 지금까지 겪어온 사회 생활의 긴 여정도 마찬가지 아니었던가? 무슨 일이든 다 해내고 말겠다는 의지로 가득한 신입 사원 시절을 시작으로 온갖 우여곡절을 경험하다가, 무언가 이룬 듯한 만족감으로 자신감 넘치는 시기도 있었을 것이다. 그러다가 점점 퇴직이라는 단어가 들리고 보일 때쯤, 어느새인가 퇴직의 문 앞에 다다라 있다.

이처럼 40대 중반에 접어든 직장인들이 회사에서 경험하는 매 순간이 골프 여정에서 일어나는 크고 작은 일들에 비유될 만하다. 최소 20년 가까이 직장 생활을 한 사람이라면, 분명 아래 여덟 가지 중 하나의 상황에 처해 있을 것이다. 아직 현직이라면, '노비스-갤러리-부킹-티업' 4단계의 퇴직준비 워밍업을 거치는 중일 것이고, 이미 퇴직을 경험했다면, '러프-페어웨이-온그린-홀인' 4단계 성장통을 몸소 겪어내는 중일 것이다.

먼저 현직에서 시작하는 퇴직준비 워밍업 4단계의 단계별 특성을 살펴보자. 퇴직 전후 마주하게 될 적응 단계를 스스로 파악한다면, 현직에서부터 퇴직준비를 시작할 수 있음은 물론, 퇴직 후 닥쳐올 위기를 사전에 인지하여 새로운 목표를 위한 방향성을 구체화할 수 있다.

지금 직장을 다니고 있는 대부분의 사람들은 퇴직에 대해 네 가지 상태를 경험한다. 퇴직을 인식조차 하지 못하거나, 퇴직에 대한 생각만으로도 큰 스트레스를 받는 노비스 단계와 퇴직의 현실을 막 자각하기 시작하여 정보를 찾는 갤러리 단계를 지나, 무엇인가 할 것을 모색해보는 부킹 단계를 지나면, 퇴직 전 티잉 그라운드에 설 수 있는 티업 단계에 이른다.

현직에서 시작하는 4단계 워밍업

(1) 노비스Novice: 퇴직은 나와 상관없는 일이라고 믿고 싶은 미인지 단계

(2) 갤러리Gallery: 퇴직이라는 단어가 자주 보이고 들리기 시작하는 관망 단계

(3) 부킹Booking: 퇴직준비를 위한 예약을 시작하는 관심 단계

(4) 티업Tee-up: 퇴직을 위한 티잉 그라운드에 서 있는 구체화 단계

그런데 이러한 과정은 자연스럽게 이루어지는 것이 아니다. 현직에 있을 때부터 퇴직을 진지하게 받아들이고 준비해야만 만들어갈 수 있는 적극적인 변화의 과정이다. 퇴직에 임박했거나 갑작스럽게 퇴직을 당할 때까지 나 몰라라 하면 퇴직 이후가 막막하기 이를 데 없어진다. 아무런 준비 없이 퇴직을 맞이하는 대부분의 퇴직자들이 심각한 좌절 상태에 빠지는 이유도 지금 이 순간에 조금이라도 준비했다면 덜 수고로운 일들을 나중으로 미루어두었기 때문이다. 퇴직하고 월급이 끊긴 후에는 시간과 에너지를 투자할 동력을 잃어버리기 쉽다. 그러니 제발 월급이 따박따박 나오는 지금 작은 도전을 시작하기 바란다.

지금 당장 퇴직준비를 위한 4단계 워밍업을 준비하자. '퇴직 후 반드시 겪는 4단계 성장통'에서 자세히 알아보겠지만, 수많은 퇴직자들이 경험하는 인지적 불안정 상태인 러프 단계를 현명하게 빠져나갈 수 있는 비결도 현직에서부터 준비하는 것이다. 월급이 없어지는 그날, 웃을지 울지는 지금 이 순간을 어떻게 보내는가에 달려 있다. 피할 수 없는 이 여정을 어떻게 받아들이는가에 따라 막상 퇴직을 맞이했을 때 자신의 모습을 구체적으로 그려갈 수 있는 용기를 얻게 될 것이다. 아직은 인지조차 하지 못하는 퇴직에 대한 여정을 나의 의식 안에서 일깨워야 한다. 자, 지금부터 시작이다.

노비스Novice: 미인지 단계

"아무것도 안 하고 싶다. 이미 아무것도 안 하고 있지만, 더 격렬하게 아무것도 안 하고 싶다."

10여 년 전 어느 카드회사의 TV 광고 카피로 세간의 화제였다. 유해진 배우가 정말 아무것도 하고 싶어하지 않는 명한 표정을 지으며 화면 앞으로 튀어나올 듯 시청자를 응시한다. 퇴직에 대한 현직자들의 마음을 여기에 빗댈 수 있을까? 퇴직에 대해 이미 아무것도 준비하고 있지 않지만, 더 격렬하게 아무것도 안 하고 싶은 심정. 퇴직에 임박한 4050세대 직장인 약 75%가 이 상태에 있다. 바로 퇴직에 대한 미인지, 노비스 단계다.

　노비스 단계에 있는 사람들은 퇴직에 대해 인식조차 하지 않거나 하고 싶어하지 않는다. 멀리서 찾을 것도 없다. 우리 주변의 4050세대 직장인 대부분이 그렇다. 언젠가는 퇴직하게 된다는 사실을 현실로 받아들이지 못하고 있다. 그 이유는 아직 퇴직이 멀리 있다고 느끼거나, 너무 가까워 무엇을 해야 할지 모르기 때문이다. 가장 대표적인 변명 중 하나가 '일이 너무 많아서 생각할 틈조차 나지 않는다'는 것이다. 그런데, 정말 시간이 없을까? 노비스 단계의 대표적인 두 가지 사례를 살펴보자.

"전임 선배 덕분에 제가 보직을 맡는 것이 유리했습니다. 전임자였던 선배가 저를 적극적으로 추천해줬거든요. 그분은 제가 신입사원으로 그룹사에 입사할 때부터 사수였어요. 지금은 제 팀원으로 일하고 계시고요. 솔직히 조금 불편한 면도 있습니다. 눈치를 보게 돼요. '선배, 이렇게 하면 될까요…?' 제가 계속 묻고 있더라고요. 저는 계열사 두 곳에서 HR 업무만 수행해왔고 그 경력을 인정받아 팀장이 되었습니다. 운도 있다지만, 회사의 인정을 받게 되어 기뻤습니다. 퇴직이요? 언젠가는 하게 되겠죠. 뭔가 마음이 덜컥 내려앉는 기분이긴 하네요. 그런데 저는 이 회사에서 더 잘해내고 싶습니다. HR 업무는 꽤 오래 버틸 수 있는 일이고 저도 경력을 잘 쌓아왔으니 임원 승진도 가능하지 않을까요? 저는 이 회사에서 제 포지션을 확실하게 잡아가고 싶습니다. 퇴직이라… 아직은 먼 이야기 같습니다."

_중견 그룹 부품제조사 인사팀장 H님(42세)

"2년 전에 팀장에서 내려왔어요. 어느 날 갑자기 그렇게 되었다고 통보를 받았습니다. 정말 서운했습니다. 그런데 어쩔 도리가 없었어요. 지금까지 선배들도 다 그랬거든요. 다들 담배 한 대 피우고 가슴 쓸어내리고, 아무 일 없다는 듯 사무실 자리에 들어가 앉아요. 그럼 모두에게 아무 일 없는 듯이 되더라고요. 그런 생각이 들죠. '내 청춘을 여기에서 보냈는데, 지금 내게 남은 것은 무엇인가?' 열심히 일만 했고 기대도 했지만, 임원이 되지는 못했죠. 퇴직이 얼마 남지 않았다는 것을 알고는 있어요. 그런데 무엇을 어디서부터 시작해야 할지 모르겠습니다. 다행히 우리 회사는 암묵적으로 정년퇴직이 보장되어 있습니다. 다행한 일이지만 이런 생각도 듭니다. '마지막까지 버티다가 나가는 것이 맞나?' 35년 근속한 덕분에 퇴직

해도 당장 일을 해야 할 필요는 없지만, 60세 넘어 사회로 나가면 아무 일도 못하게 될까 걱정이 됩니다. 저는 회사를 떠나서는 아무 것도 몰라요. 예전에는 음악도 좋아하고 악기도 좀 다루었지만, 회사 밖에서 뭘 할 수나 있을까요?"

_자동차회사 엔지니어 35년 차 A님(58세)

당신은 노비스 단계의 두 유형 중 어떤 쪽에 가까이 있는가? 구체적으로 살펴보자.

첫 번째 유형은 중견 그룹 부품제조사 신임 팀장 H님처럼 '퇴직은 아직 멀고, 나는 아직 잘나가!'라고 생각하는 사람들이다. 대개 40대 초·중반, 대기업이라면 회사 내에서 중요한 역할을 맡기 시작한 신임 팀장이나 중견 기업의 초급 임원들이 여기에 해당한다. 내가 없으면 회사가 곧 망할 것 같은 생각도 들고(절대 그렇지 않다!), 경영진으로부터 성과에 대한 직접적인 인정을 받는 시기이기도 하다. 그러니 커리어 성장을 위해 언제든 다른 곳으로 이직할 생각도 있다. 지금 회사에서 임원 자리를 노려볼 만도 하다. 그래서 퇴직이라는 두 글자는 생각조차 하고 싶지 않다. 하지만 마음속 깊은 곳에서는 '나 역시 전임자와 크게 다르지 않을 것' 같은 느낌이 스멀스멀 올라온다. 당연하다. 당신의 전임자가 그 자리에 올랐을 때도 지금의 당신과 같은 마음이었을 것이다. 바로 지금이다. 커리어 성장을 위한 또 다른 도전도 중요하지만, 언젠가는 퇴직한 후의 나를 상상해보는 일도 피할 수 없다. 그래야 지금의 자리에서 성장 기회도 엿볼 수 있다.

두 번째 유형 역시 주변에 흔하다. 대부분 50대 중반 이후의 직장인들로서 '퇴직이 올 것은 알지만, 차라리 눈을 감자!' 하며 막연히 두려워하는 유형이다. 스스로 '내가 가장 잘나가던 시절은 이제 끝났다'고 생각한다. 보직을 내려놓은 지 몇 달에서 몇 년은 되었을지도 모르겠다. 한때는 중요 보직을 맡기도 했지만, 이제는 '회사 한구석에서 조용히 없는 듯 지내다가 나가야 하나 보다' 생각하는 사람들이 많다. 몇 해 전 희망퇴직이나 권고사직으로 회사 DB에서 조용히 사라진 선배들의 얼굴을 떠올려보는 일, 이제 내가 그 선배의 입장이 되었다는 것을 피부로 느끼는 일이 출퇴근 시간의 서글픈 루틴이 되었다. 하지만 여기서 잠깐! 그럼에도 불구하고 '아무것도' 하지 않는다면, 당신도 노비스 단계다.

노비스 단계의 미션

가장 큰 미션은 '취향의 발견'이다. 이 단계에서 가장 중요한 것은 자신에 대한 이해를 바탕으로 새로운 삶의 목표를 떠올려보는 일이다. 그러기 위해서는 언젠가는 맞이할 회사 생활의 끝을 현실로 인식해보는 일이 필요하다. 퇴직에 대한 여러 가지 감정을 이해하고 업무 스트레스의 원인을 파악해보는 것도 도움이 된다. 나는 어떤 사람인지, 무엇을 잘하는 사람인지 고민하고 기록해보는 것도 좋다. 이런 과정을 통해 분명 새로운 목표 방향을 찾을 수 있을 것이며, 퇴직 후 새로운 일상을 만들어갈 수 있을 것이다. 아무리 바빠도 잠시 하늘을 볼 수 있듯, 하루에 한 번 이런 질문을 스스로에게 던져봐도 좋겠다.

'나는 퇴직 후에 무엇을 하면 행복할까?'

그것만으로도 반복적이고 무기력한 일상에 큰 변화를 만들 수 있다. 현실에 더욱 충실하기 위해 필요한 일은 다가올 미래를 긍정적으로 상상해보는 것이 아닐까?

퇴직을 앞둔 구성원들에 대한 회사의 인식도 조금씩 변화를 이루면서 퇴직 예정자들을 위한 지원 프로그램들을 구상 중인 기업들이 많아지고 있다. 하지만 퇴직은 결국 개인의 몫이다. 만약 노비스 단계에 있다면, 지금 당장이라도 내 마음속 깊은 곳에 있는 두려움을 알아차려야 한다. 막연한 공포감에서 벗어나 주변을 돌아보고 퇴직에 대해 진지하게 생각하는 시기, 바로 갤러리 단계를 구상할 때다. 나는 지금 어떤 상태인가? 그 상태를 아는 것만으로도 다음 단계를 인식할 준비가 된 것이다. 눈을 감는다고 눈앞의 세계가 사라지지 않는다. 퇴직은 누구에게나 피할 수 없는 일! 이제, 당당히 맞설 방법을 찾아야 한다.

노비스 단계 탈출 시나리오

퇴직준비의 골든타임은 언제나 '지금'이다. 지금 당장이라도 퇴직을 상상하자. 아직 현실감을 느끼긴 어렵겠지만, 적어도 퇴직 3년 전부터는 퇴직준비를 구상할 것을 추천한다. 어떻게 나의 퇴직 시기를 예측할 수 있느냐고? 내 곁의 직장 선배들과 동료들이 언제 어떻게 퇴직하는지 유심히 살펴보라. 그때가 나의 퇴직 시기일 수 있다. 하지만 무엇보다 중요한 것은 내가 원하는 퇴직 시기를 찾는 것이다. 그때가 언제든 노비스 단계를 재빨리 벗어나야 한다. 아래 노비스 단계의 다섯 가지 실행 가이드를 실천해보자. 실행 가이드별 상세 내용은 이 책의 4장 〈Plan: 취향을 발견하라〉에서 찾을 수 있다.

노비스 단계의 다섯 가지 실행 가이드

- 어릴 적 꿈 소환하기
- 퇴직 시기 예측하기
- 현재 포지션 냉정하게 파악하기
- 삶과 일 되돌아보기
- 퇴직 후 목표 가치 설정하기

갤러리Gallery: 관망 단계

"25년간 동고동락한 입사 동기가 얼마 전에 희망퇴직을 신청했다는 거예요. 이 기분을 뭐라 표현할 수가 없는데요, '큰일났다. 나는 어떻게 하지?' 싶어서 솔직히 겁이 났습니다. 그 친구가 없는 회사 생활을 상상할 수가 없습니다. 이제 그 친구는 회사를 떠나 전업작가로 새로운 일을 해보겠다고 해요. 이 일을 계기로 저도 이런저런 정보를 찾기 시작했어요. 하지만 무엇을 어디서부터 시작해야 할지 모르겠습니다. 세상에 너무 뒤처지지 않으면서도, 하고 싶은 일을 찾고 싶어요. 얼마 전부터 내가 잘할 수 있는 것들이 무엇일까 하나씩 적어보고 있습니다. 퇴직한 선배들의 근황을 찾기도 하고요. 막막하네요."

_보험회사 기업영업팀 수석부장 H님

다른 스포츠와는 달리 골프에서는 관중을 '갤러리^{gallery}'라고 부른다. 마치 전시관에서 예술품을 감상하듯 경기에 임하는 선수들의 모습을 조용히 지켜본다는 의미에서 유래했다는 설이 있다. 그렇다면 퇴직준비에서의 갤러리 단계는 어떤 상태를 의미하는 것일까? 바로 소파에 누워 퇴직 유튜브 채널만 보거나, 롤 모델을 찾아 나서거나 하는 단계이다. 골프에 관심을 갖기 시작하면 주야장천 골프TV를 켜놓는 사람들이 많다. 가끔은 사무실에서 기지개를 켜는 척하면서 스윙 포즈를 취해보기도 하고 머릿속으로 골프 코스 위에서 멋진 스윙을 날리는 자신을 상상하기도 한다. '나이스 샷!' 하는 소리가 들리는 듯하다. 그런데 상상 속 내 모습과는 달리, 꿈꾸던 골프 스윙을 위한 시간과 노력은 들이지 않는 것이 현실이다. 골프 자체를 즐기는 사람도 물론 있겠지만, 골프가 대세이니 나도 해야 하나 생각하거나 직장 상사도 즐기고 고객사도 모셔야 하니 어쩔 수 없이 관심을 두는 사람들도 많다. 그렇게 '관망'하듯 퇴직을 바라보는 사람들이 있다.

이 단계에 있는 각양각색의 퇴직 예정자들이 바로 갤러리 단계에 있다고 할 수 있다. 퇴직이나 창업과 관련된 유튜브 채널을 이리저리 둘러보고, 성공한 자영업자들보다 실패한 자영업자들의 숫자가 월등히 많다는 사실에 좌절하기도 한다. 그러면서 내심 드는 생각은 '그렇지. 나는 이 회사에서 끝까지 버텨야지. 밖은 지옥이라던데…' 하면서, 소파에 비스듬히 기대어 드라마 〈미생〉의 한 장면을 떠올릴 수도 있다. 이 상태라면 퇴직준비에 있어서는 갤러리 극초기 단계다.

이 단계에 있는 사람들에게 퇴직 관련 뉴스는 더 이상 남의 일이 아니다. 오랜 동료가 회사 DB에서 보이지 않으면 덜컥 겁이 나고 회사 동기가 희망퇴직을 신청했다는 소식을 들으면 마음이 심란해지고 걷잡을 수 없이 조급하다. 퇴직하고 성공한 사람들 이야기에도 관심이 가기 시작하고 가끔은 퇴직에 대한 걱정과 불안이 파도처럼 밀려오기도 하지만, 정작 나의 퇴직에 대해서는 여전히 방관자! 이 단계에 있다면 갤러리 초기 단계다.

반면, 프로 골퍼들의 경기를 직접 관람하듯 퇴직에 대한 관심을 갖기 시작하는 사람들도 있다. 골프 초심자들뿐만 아니라, 꽤 훌륭한 골프 실력을 가진 사람들도 유명한 프로 골퍼들의 플레이를 갤러리에서 직접 참관하기도 한다. 그 현장에 있을 수만 있다면 얼마나 영광스러운 기회인가? 선수들의 경기를 살피고 분석할 뿐만 아니라 '나라면 어떻게 더 잘 칠 수 있을까?'를 고민하기도 한다. 스스로의 실력을 쌓기 위한 노력이기도 하다. 하지만 필드 위가 아니라 갤러리에 있는 순간에는 그저 바라만 볼 뿐 경기에 참여하지는 않는다.

퇴직도 이와 마찬가지다. 어느 날 갑자기 유튜브나 네이버의 알고리즘이 이끄는 대로 퇴직을 주제로 한 콘텐츠가 뜨면 그제야 불현듯 퇴직을 인식하는 사람들부터, 본격적으로 관련 콘텐츠를 시청하고 정보를 찾아 방향을 구상하는 사람들도 모두 이 단계에 있다. 자신과 관심사가 유사한 사람이 퇴직 이후에 성공적인 업적을 이루고 있다면 그 비결이 궁금하고 실제로 찾아가는 액션도 마다하지 않는다. 하지만 아직은 나의 퇴직을 위한 구체적인 액션을 취하지는 않는다. 이들 모두가 갤러리를 따라 걸으면서 퇴직을 관망한다.

갤러리 단계의 미션

이 단계에서 가장 먼저 할 일은 나의 퇴직 후 목표 가치와 비슷한 가치를 갖고 여정을 시작한 선배 퇴직자들을 찾는 것이다. 갤러리 단계의 미션은 '롤 모델을 찾는 것'이다. 이 단계에서 가장 중요한 것은 나의 방향성을 확인하는 것인데, 퇴직에 대한 관심을 구체화하고 정보를 모으며 실제로 나의 목표 가치와 비슷한 가치를 실현해낸 사람들을 찾아 직접 이야기를 들어보는 것도 큰 도움이 된다.

선배 퇴직자들을 만나거나 기사에 나온 사람들의 정보를 찾아 직접 컨택해보자. '정말 내가 구상하던 일을 해볼 수 있을까?' 상상 속의 일을 직접 해볼 수 있는 환경을 만드는 것이 중요하다. 나의 관심 영역을 구체화하고 실제로 사업화하거나 현실로 이룬 사람들을 찾고 묻고 배우자! 그 과정을 현직에서 해본 사람과 그러지 못한 사람의 퇴직 후 인생은 상상하기 어려울 만큼 큰 차이가 있다. 적극적인 갤러리가 되자. 선배 퇴직자들의 움직임에 따라 멋지게 스윙!

갤러리 단계 탈출 시나리오

최소한 퇴직 1년 전부터는 갤러리의 고급 단계가 되는 것을 목표로 하자. 여전히 업무가 바쁘다고 느낄 수도 있지만, 이렇게 상상해보면 마음이 달라질 것이다. '1년 후 회사를 떠난다면 지금 무엇을 해야 할까?' 퇴직에 대한 두려운 마음을 거두고, 호기심과 희망으로 퇴직 이후를 준비하자. 갤러리 단계의 다섯 가지 실행 가이드는 다음과 같다. 실행 가이드별 상세 내용은 4장 〈Learn: 롤 모델을 찾아라〉에서 찾을 수 있다.

갤러리 단계의 다섯 가지 실행 가이드

- 일과 삶에서의 다양한 관계 재정의하기
- 인생 대차대조표 작성하기
- 커리어 경쟁력을 객관적으로 점검하기
- 회사의 퇴직 지원 제도 꼼꼼히 챙기기
- 퇴직 성공 사례 발굴하기

부킹Booking: 관심 단계

"투자 관련한 정보를 알려주는 곳이라면 무조건 찾아갔어요. 작은 회사에 다니다보니 늘 불안했습니다. 부동산, 주식, 연금 투자 설명회들을 빠짐없이 다녔습니다. 그렇게 십수 년 회사 일과 병행했더니, 저에게 조언을 구하는 직장 동료들이 생기기 시작하더라고요. 그런 경험들을 모아서 블로그에 가끔 올렸는데, 1,000개가 넘는 글이 되었어요. 저는 앞으로 1년 후를 퇴직 시기로 보고 있습니다.

그 후에는 본격적으로 투자 정보를 제공하고 저와 같은 직장인들을 위한 자문 컨설팅 활동을 하려고 합니다. 언제까지 월급에 의존하고 살 건가요? 조금 일찍 준비해서 제가 하고 싶은 일을 더 오래 하려고 합니다."

_중견 유통기업 지원부서 팀장 K님

대한민국에서 가장 어려운 것이 골프장 예약과 K-Pop 콘서트 티켓 예매라는 우스갯소리가 있다. 라운딩 예약이 하늘의 별 따기란다. 골프장 티타임을 잡기 위해 소위 '광클릭'을 마다하지 않는 대한민국 골프 애호가들. 아침잠이 늘 부족한 직장인들조차 주말 새벽 네 시면 눈을 번쩍 뜨게 하는 마법의 알람이 바로 골프 라운딩 알람이 아닌가? 어디 그뿐인가? 한 자리 예약이 남아 있다고 한다면, 누가 동행하는지 날씨는 어떤지 묻지도 따지지도 않고 두서너 달 뒤 일정에 손부터 번쩍 들고 보는 것이 골프 라운딩 예약이라고 한다.

그렇다! 현직에서의 퇴직준비도 딱 그만큼만 치열하게 하라. 골프 예약 성공에 쾌재를 부르듯, 퇴직 이후의 삶에 대한 명확한 목표가 세워졌을 때 '브라보!' 하고 외쳐라. 그리고 그 목표에 따라 차근차근 준비해가자. 나에게 필요한 퇴직준비 활동들을 구체화하고 실제 액션을 취할 수 있는 만반의 준비가 갖추어진 단계, 바로 부킹 단계이다. 앞에서도 말했지만, 현직에서의 퇴직 준비 여정은 결코 그냥 주어지는 것이 아니다. 특히, 부킹 단계부터는 퇴직에 대한 명확한 목표하에서 하나씩 이루어가야 한다. 모든 것이 스스로의 책임하에 있는 단계라고 할 수 있다. 골프 부킹의 의미가 목표를 향해 습관을 바꾸고 실천하는 적극적인 행동의 시작인 것처럼, 퇴직준비의 부킹 단계에서도 구체적인 액션을 취해야 한다. 골프 부킹만큼 퇴직준비도 치열하게 하나씩 이루어가되, 그 과정이 즐거워야 한다.

이 단계에 이르러서야 비로소 퇴직준비를 하고 있다고 말할 수 있다. 그런데 현직에서 이 단계에 이르는 사람들은 10% 미만이다. 부킹 단계에서는 퇴직을 먼발치에서 바라만 보는 것이 아니라, 나의 현실로 인식하고 구체적인 액션을 취한다. 퇴직 시기를 구체화하고 새로운 일상을 계획하는 일이 이 단계에서 할 일이다. 현직에 있는 동안 계획한 모든 액션을 취하지 못해도 괜찮다. 지금 당장 퇴직에 직면했다고 가정하더라도 그저 막막한 상황은 아닐 수 있도록 준비하는 것이다. 빠르거나 늦거나, 한 번이거나 여러 번이거나 퇴직은 누구나 경험하는 일이다. 이제는 내가 좋아하는 것과 잘하는 것에 집중해서 한 걸음을 내딛어야 한다.

부킹 단계의 미션

'액션 플랜의 구상'이다. 이 단계의 사람들은 퇴직준비의 필요성을 절박하게 인식하고 목표한 일을 실현하고 싶어하는 강한 의지가 있다. 이 단계에서 가장 중요한 것은 구상한 일을 실천하는 일이다. 생각만 바꾼다면 그리 어려운 일도 아니다. 회사에서 새로운 업무나 프로젝트를 맡았을 때처럼 나의 새로운 인생 프로젝트를 실행해나가는 것이다. 명확한 인생 방향을 세우고 해야 할 일들을 리스트업하고 실행을 위해 필요한 자원들을 점검하는 일이 이 단계에서 해야 할 일이다. 새로운 도전이 쉬울 리 있을까? 그저 꾸준한 실행 외에는 도리가 없다. 퇴직준비의 첫 걸음을 시작하라. 기-승-전-액션!

부킹 단계 탈출 시나리오

무조건 퇴직 6개월 전까지 준비를 완료하는 것을 목표로 하라. 지금 액션 플랜까지 구상한 단계라면, 이제는 실천만 남았다. 인생의 가장 큰 전환기인 퇴직을 인생의 새로운 희망으로 받아들일 준비가 된 것이나 마찬가지다. 아래 부킹 단계의 다섯 가지 실행 가이드를 실천해보자. 실행 가이드별 상세 내용은 4장 〈Act: 액션 플랜을 구상하라〉에서 찾을 수 있다.

부킹 단계의 다섯 가지 실행 가이드

- 멋진 퇴직 인사 준비하기
- 퇴직 후 루틴 설계하기
- 한 장의 프로필 작성하기
- 나를 위해 쓸 수 있는 금액 정하기
- 지속 가능한 콘텐츠 생산자 되기

티업Tee-up: 구체화 단계

"회사라는 곳은 언젠가는 그만둬야 할, 일종의 '정해진 미래'지만 대부분의 사람들은 그걸 회피해요. 그게 더 편하니까. '내가 그걸 왜 내려놔' 하죠. 저는 내려놓고 말고 할 것도 없이 정해진 거라 생각했어요. 차장 올라갈 때쯤 '다음에 무엇을 할까?' 구상을 시작했는데 그 배경에는 독서가 있었어요. 책을 통해 여러 가지 경험을 하면서 주제를 찾았어요. 그러면서 직업에 대한 정의와 가치관이 바뀌었고요. 대부분의 사람들이 말하는 직업은 월급 받는 직장인이지만, 저는 '진짜 업業이란 무엇일까?'를 생각했습니다. 그렇게 나는 누구인지, 내가 좋아하는 것은 무엇인지 고민을 시작했어요."

_종합상사 사업전략 팀장 퇴직 후 복합 문화공간을 운영하는 ㄴ님

자, 이제 라운딩에 나서자. 티를 꽂고 공을 살포시 올려 티샷을 준비하는 단계. 드디어 퇴직의 티잉 그라운드에 당당히 섰다. 첫 홀의 티샷을 치기 바로 직전, 조금은 긴장되지만 기어코 넘어야만 하는 그 순간이 퇴직준비의 여정에서도 오고야 말았다. 처음부터 멋진 자세가 나오지 않을지도 모른다. 퇴직 이후의 삶이 나를 기다릴지는 알 수 없다. 하지만 현직에서 티업 단계 준비가 되어 있다면 갑작스럽게 퇴직하는 상황이 닥치더라도 일상이 흔들릴 리 없다. 퇴직 이후에 대한 시뮬레이션이 끝나고 이미 많은 것을 준비해둔 단계가 바로 퇴직에서의 티업 단계다.

이 단계에서는 더 이상 퇴직을 막연히 기다리며 불안해할 필요도 없다. 하지만 퇴직 이후의 긴 여정을 생각한다면, 이 단계도 정말 시작일 뿐이다. '나도 이제 무엇인가를 해낼 수 있겠어!' 싶은 순간일 뿐일 것이다. 퇴직 후의 여정은 현직에 있을 때와는 다르며, 지금 멋지게 날린 티샷이 어느 방향으로 날아갈지 아

무도 모른다. 희망만으로는 퇴직 이후의 삶을 원하는 대로 꾸려 갈 수도 없을 것이다. 공이 러프에 빠져 곤란을 겪기도 하고, 페어웨이에서 잠시 안도할 수도 있다. 하지만 다시 인생의 온그린에 안착할 테니 걱정하지 말고 밀고 가는 수밖에. 그러다가 분명 인생의 새로운 홀인을 경험하게 될 것이다. 지금 그 마음 그대로 퇴직 이후의 여정을 더욱 굳건하게 만들어가야 한다.

티업 단계의 미션

'작은 성공으로 무장하기'다. 지금 이 단계에서 가장 중요한 것은 작지만 확실한 성공을 경험하는 일이다. 그 경험들이 쌓여서 '그래, 바로 이 길이 새로운 나의 길이군!' 할 수도 있고, 방향을 조금 틀어 새로운 기회를 만들어갈 모멘텀이 되기도 한다. 작게나마 시작해보지 않으면 방향을 잃고, 작다고 쉽게 보면 큰 성공을 이루어낼 수 없다. 지금의 성과는 이전의 모든 여정을 잘 견뎌내온 덕분이며, 지금까지의 노력이 빛을 발할 날이 머지않았다. 그렇게 되어야 퇴직은 떠밀려 나가는 문이 아니라 새로운 곳으로 들어가는 문이 될 수 있다.

현직에서 이 단계에 이르는 것을 목표로 해야 한다. 지금까지 거쳐온 노비스-갤러리-부킹 단계의 여정을 살피면서 새로운 일들을 꾸준히 계획하고 시도한 일들의 결실을 맺도록 하자. 퇴직 전 계획한 일의 수익화 방안을 작게 시도해보는 것도 좋다. 진심으로 하고 싶은 일을 찾았다면 주말의 몇 시간을 투자해보라. 퇴직 후 뉴업을 위한 결연한 의지가 샘솟거나, 다음 달 월급을 기다리며 소파에 드러눕거나, 둘 중 하나인 자신의 현실을 깨우치게 될 것이다. 자, 숨을 고르고 하나, 둘, 셋! 나이스 샷!

티업 단계 탈출 시나리오

퇴직 이전이면 더 좋지만, 적어도 퇴직 후 6개월 내에 티업 단계에 들어서자. 퇴직 후 방향성을 찾고 목표를 구체화하며 단계별 실행을 통해 작은 성공으로 연결하는 과정을 몸소 경험하기 바란다. 현직에서 티업 단계를 '완성'하는 일이 쉽지 않겠지만, 준비 없이 퇴직한 후 겪게 될 폭풍같이 가혹한 현실을 생각한다면 무조건 지금이 낫다. 지금까지 회사 업무에 치이고 타인의 인정에 목말라 스스로를 챙기지 못했다면, 지금부터는 관심의 방향을 나에게 돌리자. 아래 티업 단계의 다섯 가지 실행 가이드를 실천해보자. 실행 가이드별 상세 내용은 4장 〈Transform: 작은 성공으로 무장하라〉에서 찾을 수 있다.

티업 단계의 다섯 가지 실행 가이드

- 새로운 사람들 만나기

- 1명의 조언자 구하기

- 일주일에 세 가지 새로운 일 시도하기

- 퇴직 전후 정서 상태 모니터링하기

- 일상이 될 때까지 변화를 실행하기

퇴직 후 반드시 겪는 4단계 성장통

퇴직자를 위한 퇴직준비도 체크리스트

□ 나는 자유의사로 퇴직했다.

□ 나는 이직 및 전직 등 커리어 전환 경험이 3회 이상이다.

□ 퇴직 당시 나는 어쩔 수 없이 올 것이 왔다고 생각했다.

□ 현직에 있는 동안 나는 퇴직 이후의 삶에 대해 생각하고 준비했다.

□ 나의 퇴직 사유에 대해 명확하게 알고 있다.

□ 나의 퇴직 과정은 납득할 만한 절차를 거쳤다고 생각한다.

□ 내가 퇴직한 시기는 아쉽지만 그때가 적절했다고 생각한다.

□ 퇴직 이후 긍정적 정서가 점점 더 커지고 있다.

□ 퇴직 이후 가족과의 관계가 더 좋아졌다고 생각한다.

□ 나는 퇴직 이후에 비교적 주저 없이 퇴직했다고 이야기한다.

□ 퇴직은 나의 커리어에서 새로운 가능성과 기회를 줄 것이다.

□ 퇴직 이후 삶의 목표가 어느 정도 구체화되었다.

※ **진단 방법**: 그렇다 3점, 아니다 1점, 잘 모르겠다 2점

1~20점: 상황이 내 마음 같지 않을 때가 있죠. 지금 러프에 빠져 있습니다.

21~26점: 새로운 방향을 구상 중이군요. 페어웨이에 안착하였습니다.

27~31점: 드디어 새로운 목표를 세웠군요! 지금 온그린에 있습니다.

32~36점: 목표를 새로운 일상으로! 첫 번째 홀인에 성공하였습니다.

보다 정교한 진단은 화담,하다 홈페이지 또는 QR코드를 스캔하여 접속하면 이용할 수 있습니다.
RRI 퇴직 적응 단계 진단 https://www.whadam.co/solution

"퇴직 후 지금까지 몹시 고통스러웠다는 사실을 느끼지 못했습니다. 6개월 지났는데, 이제야 내가 그 시간을 어떻게 보냈는지 알겠습니다. 괜찮다 생각했고 괜찮은 척했는데, 전혀 그렇지 않았어요. 속으로는 퇴직한 현실이 실감이 안 나고 너무 힘든데, 어디 말할 데가 없었습니다. 여전히 막막한 마음뿐입니다."

_중견 건설사 감리팀장 비자발적 퇴직자 M님

익숙한 회사 생활이 갑자기 멈추면 어떤 상황이 벌어질까? 이미 퇴직을 경험한 많은 사람들이 아무리 생생하게 토로해도 상상조차 하기 어려운 것이 퇴직 이후의 삶이다. 퇴직 이후의 삶을 경험하는 모습은 그야말로 천차만별인데, 우리 모두 저마다의 삶을 살아가듯, 퇴직이라는 인생 사건을 받아들이는 개인의 반응도 제각각이다. 하지만 수많은 퇴직자들이 경험한 퇴직 적응 과정을 종합적으로 살펴보면 아래 4단계를 순차적으로 거친다는 것을 알 수가 있다.

퇴직자의 퇴직 적응 4단계

(1) 러프Rough: 퇴직 후 심리적인 어려움을 겪는 인지적 불안정 단계

(2) 페어웨이Fairway: 새로운 방향성을 구상하는 자기 인식 단계

(3) 온그린On-Green: 새로운 목표를 찾아가는 목표 구상 단계

(4) 홀인Hole-In: 새로운 변신을 실행하는 목표 확정 및 실행 단계

퇴직 후의 상황도 골프 용어에 빗대어 이해해보자. 어느 날 갑자기 내 인생이 가시덤불에 빠진 것처럼 느껴진다. 어쩌면 도저히 빠져나올 수 없는 인생의 크나큰 위기 같기도 하다. 그럼에도 우리의 삶은 계속되듯, 자신에게 닥친 이 상황을 냉정하게 인식하고 새로운 방향을 모색하여 목표를 찾아가며 마침내 변화를 이루어가는 여정을 경험하게 될 것이다. 이처럼 대부분의 퇴직자들이 인지적 불안정(러프) 단계, 자기 인식(페어웨이) 단계, 목표 구상(온그린) 단계, 목표 확정 및 실행(홀인) 단계를 거치면서 퇴직 후 삶의 다음 여정으로 나아간다. 개인에 따라 특정 단계를 짧게 겪거나 뛰어넘기도 하고, 꽤 오랜 시간 한 단계에 머물러 있기도 한다. 자신의 현재 상태를 정확하게 자각하지 못하는 경우도 있고, 이미 이전 단계를 지나왔다고 착각하는 경우도 있다. 이처럼 이 4단계의 짧고 긴 사이클을 반복하면서 서서히 앞으로 나아가는 상태가 퇴직 이후의 여정이다.

그런데 이 4단계 역시 그냥 얻어지는 과정이 아니다. 앞서 말

한 '현직에서 시작하는 4단계 워밍업'과 마찬가지로 자신의 현 단계를 직시하고 그다음 단계를 향한 목표 의식을 가져야 한다. 러프 단계를 최대한 짧게 겪으면서 새로운 방향성을 구상하는 페어웨이 단계를 지나면, 그제야 퇴직 이후의 새로운 목표가 눈앞에 보이는 온그린 단계에 다다를 수 있다. 그 여정의 끝에 이르러서야 새로운 변신을 위한 첫발을 내디딜 수 있는 홀인 단계가 된다.

퇴직 후 나에게 맞는 퇴직 적응 단계를 설계해갈 수 있는 방법은 크게 두 가지다. 첫째, 이미 퇴직했다면 러프 단계를 최소화하고 재빨리 페어웨이 단계로 올라서야 한다. 대부분의 퇴직자들이 러프 단계를 심각하게 경험하면서 시간, 돈, 마음을 낭비하지만 이 책을 읽는 독자분들은 부디 퇴직의 막막한 현실 속에서도 희망이 있음을 믿으시기 바란다. '퇴직 후 반드시 겪는 4단계 성장통'에 대한 이해를 바탕으로 뉴업을 계획하고 실행하라. 둘째, 현직에서 준비해야 한다는 목표 의식을 잃지 마라. 퇴직 후 퇴직준비를 해도 결코 늦지 않겠지만, 퇴직 후 심각한 러프 단계에 빠져 소중한 시간과 돈과 에너지를 낭비하지 않으려면 현직에서 시작하는 것이 유리하다.

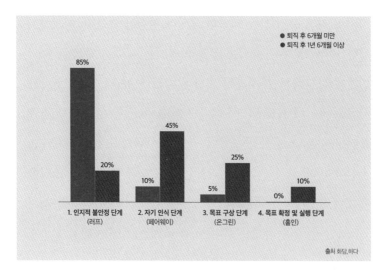

● 퇴직 후 6개월 미만
● 퇴직 후 1년 6개월 이상

85%

45%

25%

20%

10%

5%

10%

0%

1. 인지적 불안정 단계
(러프)

2. 자기 인식 단계
(페어웨이)

3. 목표 구상 단계
(온그린)

4. 목표 확정 및 실행 단계
(홀인)

출처 화담,하다

퇴직 적응 4단계별 퇴직자 구성비

위 그래프에서 보듯, 퇴직 경과 기간이 6개월 미만인 경우 약 85%의 퇴직자들이 다양한 형태의 인지적 불안정(러프) 단계를 경험한다. 그런데 놀라운 것은 퇴직 후 1년 6개월 이상 경과해도 약 65%의 퇴직자들이 러프나 페어웨이 단계에서 빠져나오지 못한다는 것이다. 이는 약 35%의 퇴직자들만이 퇴직 후 특정 기간 내에 목표를 구상하고 실행함을 의미한다.

퇴직 초기에 겪는 인지적 불안정 상태는 예측 가능성, 퇴직자의 직급, 퇴직의 자발성 여부, 이직 경험, 퇴직 사유 및 퇴직 당시의 절차적 공정성 등 다양한 요인에 영향을 받는다. 예상하지 못한 퇴직으로부터 느끼는 부정적 정서는 대부분 퇴직 직후 극심하게 나타나지만, 시간이 지남에 따라 회복되는 듯 보였다가 새로운 자극에 의해 되살아나기도 한다. 예를 들어, 퇴직했던 계절이 돌아오면 당시의 상황이 상기되어 심리적으로 위축되고, 자신에 비해 부족하다고 생각했던 동료나 후배의 승진 소식을 들으면 '그 자리가 바로 내 자리였는데…' 하면서 심각한 정서적 침체기를 경험하기도 한다. 따라서 이 시기에는 퇴직자 스스로 자신의 마음을 잘 살피는 것이 정말 중요하다.

퇴직 후 '전혀 익숙하지 않은 골프 코스'에 있다고 상상하자. 대부분은 티잉 그라운드에서 멋지게 샷을 날려 시원하게 페어웨이를 가로지르는 공을 기대했을 것이다. 그런데 시작부터 러프에 빠졌다. 사실 벙커나 해저드를 상상할 만큼 심각한 상태에 놓여 있다고 인지하는 퇴직자들도 많다. 하지만 지나고 나면 못 견딜 일도 아니었음을 깨닫게 될 테니 결코 희망을 잃지 말기 바란다.

퇴직 후 러프에 빠지는 것은 퇴직의 사유를 불문한다. 예상하지 못한 퇴직 통보를 받았거나, 갑작스럽게 희망퇴직에 사인을 했거나, 정년퇴직이라는 '시대에 드문' 성과를 이룬 사람이라

해도 이 단계는 피해 갈 수 없다. 그런데 이 상태를 받아들이는 모습은 사람마다 천양지차다. 누구는 마음을 가볍게 하고 잘 빠져나갈 궁리를 하는 반면, 어떤 사람은 그 순간이 인생 최대의 위기라고 여긴다. 대부분의 퇴직자들이 후자에 속한다. 그렇다. 지금이 인생에서 한 번도 경험해보지 못한 시기임을 냉정하게 인정하자. 다만, 그것이 되돌릴 수 없는 역경일 리는 없다는 것만 이해한다면, 분명 러프 단계를 빠져나올 수 있다. 사람에 따라 이 시기를 극복하는 양상과 기간이 다른데, 짧게는 6개월에서 길게는 2년 6개월 이상 걸리기도 한다. 어떤 사람은 3년 이상의 장기전을 겪으며 목표를 잃고 허우적거리기도 한다.

어떻게 하면 러프 단계에서 벗어날 수 있을까? 간단하다. 자신이 러프에 빠져 있다고 자각하는 것만으로도 도움이 된다. 이 시기에는 자신의 상태를 누구보다 명확하게 인식하고 너른 페어웨이로 공을 밀어 올릴 준비를 해야 한다. 하지만 러프 상태에 있는 많은 퇴직자들이 깊은 절망감이나 무기력, 분노나 집착 등에 빠져 괴로워한다. 지금 당장은 당혹스럽겠지만 정신을 바짝 차려야 한다. 그러다보면 분명 다음 목표를 위한 방향이 보일 것이다. 시간은 약이지만, 시간이 늘 당신 편은 아니다. 지금 당장 난관에 부딪힌 상황에서는 견디기 힘들겠지만, 이 시기를 어떻게 지내는지에 따라 다음 여정의 방향이 결정된다.

러프에 빠져 있다는 것을 인식한 후 그다음 단계인 페어웨이로 공을 올려놓기까지도 꽤 오랜 시간이 걸릴 수 있다. 인생의 공이 어느 방향으로 날아가게 될지는 어느 누구도 예측하지 못하지만, 퇴직 이후 삶의 방향성을 찾아가는 온그린을 분명 경험할 것이고, 더 나아가 새로운 삶의 목표를 실천하는 홀인을 만나게 될 것이다. 그 순간을 상상하면서 퇴직 후 누구나 겪는 퇴직 적응 단계들을 순서대로 파악해보자.

러프Rough : 인지적 불안정 단계

"회사에 구조조정 소문이 돌기 시작했습니다. '나도 대상자가 될 수도 있겠구나…' 그런 생각이 스쳐갔지만 피하고만 싶었습니다. 퇴직 통보를 받은 순간은 그야말로 충격이었습니다. '나에게 남은 것이 뭐지? 어쩌다 이렇게 됐지? 나는 왜 떠나야 하지?' 퇴직 후에는 허탈함에 며칠을 아무것도 할 수 없었어요. 퇴직과 동시에 사회적으로 쓸모없는 존재가 되었다는 생각에 오랫동안 불면증에 시달렸습니다. 이제 퇴직 후 6개월 지났는데, 지금도 그때를 생각하면 분노가 치밀어 올라요. 그러면서도 회사 다닐 때는 회사를 너무 당연하게 여겼구나 싶었어요. 지금 생각하면 어처구니없는데, 그때는 그게 영원할 줄 알았습니다. 저는 여전히 우울감에 시달리고 인생의 빛이 안 보이는 것 같습니다. 구직 중이지만 자신이 없어지기 시작합니다. 다시 일을 시작할 수 있을까요?"

_외국계 소비재 기업에서 구조조정당한 A부장

마치 '내 이야기'처럼 느껴지는 퇴직자들이 많을 것이다. 위 사례는 러프 상태에 빠진 퇴직자들의 공통적인 정서를 보여준다. '나만 그런 것은 아니구나.' 안도할 만도 하지만, 막상 내 일이 되면 정말 괴롭고 힘든 상태가 바로 러프 단계이다. 하지만 이 단계에서도 스스로를 바닥에서 건져 올리려고 애쓰는 나 자신이 보일 것이다. 그러니 너무 걱정하지 말고 스스로의 상태를 주시하기 바란다. 다음과 같이 러프 단계를 힘겹게 벗어나 새로운 일에 몰두하고 있는 사례도 있다.

"2년 전 퇴직 통보를 받고 바로 속초 바다에 갔습니다. 바다를 내려다보는데 눈 아래 바다가 새카만 거예요. 내가 뛰어내려도 아무 일도 일어나지 않을 것 같았습니다. 순간, 뛰어내릴까 싶은 생각도 들었습니다. 그 마음이 무섭고 겁이 났어요. 그 시간이 어떻게 지났는지 모르겠습니다. 그런데 제가 얼마 전에 다시 그 바닷가에 갔어요. 같은 위치에 서서 바다를 바라보는데, 정말 넓고 푸르고 시원해요. 그제야 이런 생각이 들었습니다. '바다는 그대로였는데 내 마음이 달라졌구나.' 이제 새로운 일을 시작할 수 있을 것 같습니다."

_대기업 보안 전문 기업 영업대표 퇴직자 K님

대기업 계열사의 영업 담당 임원으로 최고의 성과를 누리던 K님의 사례다. 최연소 임원으로서 그룹 내 영업 실적 1위를 달성하고 각종 서비스경영 분야에서 대상을 수상할 정도로 탁월한 성과를 보였다. 예상하지 못한 퇴직 후 1년 6개월이 지나서야 새로운 일을 시작할 수 있겠다고 담담히 이야기하던 그 모습이 인상적이었다.

그런데 2년 가까이 내 마음의 상태를 모르는 채로 시간이 흘러간다고? 아직 퇴직 경험이 없다면 의아할 수도 있겠지만, 그다지 특별한 경우가 아니다. 퇴직 이후 최소한 1~2년 이상이 지나야 새로운 일에 대한 방향을 설정할 수 있었다는 퇴직자들이 많다. 가장 어려운 시기가 지나고 나서야 담담히 소회를 밝힐 수 있는 때가 온다. 그때가 되어서야 비로소 다음 여정을 시작할 수 있다.

러프 단계는 퇴직에 대한 현실 감각을 잃고 정신적 충격에 휩싸이는 단계다. 지금까지 순조로웠다고 느꼈던 인생 항로에서 완전히 이탈한 듯 느껴질 수도 있다. '오랜 직장 생활 후에 남은 것이 퇴직이라니!' 서운한 마음이 들 법도 하다. 마음이 내 마음 같지 않을 것이다. 이 단계에서는 우울, 불안, 분노, 상실감, 무력감 등 부정적인 마음과 해방감, 기대, 편안함 등 긍정적 마음이 온통 뒤섞인다. 이런 복합적인 마음 때문에 누구보다 본인이 가장 힘들다. '앞으로 뭐 먹고 살지?' 싶은 마음과 함께, 지금까지 잘 이루어낸 커리어가 하루아침에 무너진 것 같은 좌절감에 빠지기도 한다. 모든 이들의 박수를 받고 퇴직에 이른 정년퇴직자이거나 대표이사로 최고의 포지션에서 물러난 경우에도 크게 다르지 않다. 최소 20년에서 30년 이상을 지켜온 루틴이 깨지는 경험은 보통 불편하고 불안한 것이 아니다. 그런데 이 과정은 누구나 경험하는 자연스러운 과정이다. 자발적으로 퇴직을 했든, 퇴직을 당했든 상관없다. 90% 가까운 퇴직자들이 이 단계를 거친다. 다만 머물러 있는 시간이 다를 뿐이다.

개인마다 이 단계를 경험하는 양상이 다른데, 퇴직이 갑작스러울수록 길고 깊은 러프 단계를 경험한다. 간단한 예를 들어보자. 임원의 경우, 대부분 하루아침에 통보를 받는데, 스스로 커리어의 최고 정점에 도달했다고 믿었던 순간에 비자발적으로 퇴직하는 경우가 많으므로 경영진 퇴직자들 중에서 극심한 러프 단계를 경험하는 비중이 높다. 반면에 같은 경영진이라고 해도 장기근속한 대표이사급의 경우에는 '충분히 할 만큼 했다'는 마음이 있어 상대적으로 짧게 이 단계를 거치거나, 바로 안정화 단계인 페어웨이로 넘어가기도 한다. 한편, 희망퇴직이라는 이름으로 비자발적인 퇴직을 경험한 차부장급 및 팀장급 인력의 경우에는 러프 단계를 오래 경험하는 경향이 있다. 경우에 따라서는 심리적으로 불안정한 단계를 상당히 오래 겪기도 하는데, 3년 혹은 길게는 7년 이상 퇴직 이전의 포지션에 그대로 머물러 있기도 한다.

반면에 정년퇴직자의 경우에는 상대적으로 짧은 러프 단계를 거치는 것처럼 보이기도 한다. 하지만 페어웨이 및 온그린 단계로 넘어가는 동인을 스스로 찾지 못하고 퇴직 이후를 무의미하게 보내는 사례들이 많이 나타난다. 제도적으로 정해진 업무 기간을 마무리했다는 생각 때문에 오히려 퇴직 이후에 무력감을 느끼기 쉽고 새로운 일에서 동기 유발이 되지 않는 것이다. 이처럼 퇴직 사유에 따라 같은 단계를 경험하는 양상이 다르다. 그러므로 나의 퇴직 사유를 명확하게 인지하면 자신의 정서 상태를 이해하는 데 도움이 된다. 이를 통해 퇴직이 누구나 경험하는 당연한 여정임을 이해하고, 스스로의 마음을 돌보면서 퇴직 후 삶을 긍정적으로 모색할 수 있다.

심각한 러프 단계에 빠진 퇴직자가 재취업을 우선순위로 삼고 준비 없이 커리어 전문가를 찾아다니는 경우도 많다. 그런데 이런 경우 취업에 성공하기는 현실적으로 어렵다. 이유는 간단하다. 커리어 전문가들은 정서적 불안정감이 높은 후보자들을 누구보다 잘 알아보기 때문이다. 퇴직 전 아무리 좋은 커리어와 높은 직책을 가졌더라도 스스로 러프 단계에서 벗어나지 않는 한 새로운 일에 소프트랜딩하기는 어렵다. 그러므로 자신의 상태를 명확하게 인지하는 것이야말로 퇴직 이후의 삶을 제대로 꾸려갈 수 있는 지름길임을 잊지 말자.

왜 많은 사람들이 퇴직 후 극심한 정서적 어려움에 빠지는가? 여기에는 퇴직을 바라보는 우리 사회의 문화적 배경도 깊이 연관되어 있다. 이 사회는 '성공적인 삶'에 대한 암묵적 동의가 존재한다. 좋은 대학을 나와 나이에 맞게 인생을 꾸리고 퇴직 전 일정 규모 이상의 재무자산을 확보하는 데 목표를 두는 삶, 끊임없이 경쟁하고 타인에게 인정받아야 도태되지 않는다는 강박이 존재해온 이 사회에서, 혼신의 힘을 다해온 직장 생활이 예상치 못한 순간에 타의에 의해 끝나버린다면 어떨까? 어느 누구라도 쉽게 받아들이지는 못할 것이다.

이에 더해 정년이 보장되었던 고도 성장 시기가 사실상 끝났지만 고용 구조와 인력 운영 전략은 이러한 변화에 따라 다변화되지 못했다. 퇴직에 대한 사회의 인식은 여전히 부정적이고, 개인의 퇴직준비는 미흡하며, 기업의 퇴직 지원은 여전히 일시적인 금전적 지원 방안만을 모색하려고 한다. 정책 역시 커다란 변화의 흐름을 적절히 반영할 만큼 구체화되지 못한 상황이다.

이런 상황에서 나에게 닥친 퇴직이 '누구에게나 닥칠 필연적인 현실'이 아니라, 경쟁 사회에서의 패배 혹은 오래 몸담은 회사의 배신처럼 여겨지는 것은 어쩌면 당연한 것 아닌가? 이런 사회적 분위기 때문에 퇴직 당사자는 솔직하게 마음을 털어놓지 못하고 새로운 목표를 구상하고 실천하기까지 오랜 시간이 걸리는 악순환에 빠진다.

러프 단계의 미션

러프 단계에 빠졌다고 생각된다면, 우선 힘을 빼라. 오래 머물러 있지는 않겠다는 작은 목표를 갖고 주변을 돌아보고 상황을 살필 여유가 필요하다. 지금은 새로운 목표를 세우는 것보다 그 상태에서 빠져나오는 것이 먼저다. 섣불리 공격하여 잃어버린 타를 만회하려고도 하지 마라. 그럴수록 더 깊은 수렁에 빠질 뿐이다. 가장 익숙한 클럽을 이용해서 최대한 가볍게 공을 밀어 올리자. 러프를 지나는 모든 과정이 자신과의 심리전임을 알아야 한다.

러프 단계는 퇴직 심리지수, 관계지수, 커리어 경쟁력 인지도 결과에 따라 짧게는 6개월에서 2년 이상 걸리기도 한다. 그러므로 '너무 급히 가지도, 더디게 가지도 않도록' 계획을 잘 세우는 데 목표를 두는 것이 좋다. 이 단계의 목표는 마음이 힘든 상황을 인정하고 최대한 짧게 겪어내는 것이다. 자신만이 이 과정을 헤쳐나갈 수 있음을 기억하라. 퇴직은 커리어의 실패가 아니라 새로운 가능성을 찾아갈 수 있는 기회다. 또한 이 시기에는 재취업을 위한 구직 활동보다는 상황을 인정하고 무엇보다 내 마음을 돌아보고 다음 계획을 세우는 것이 중요하다. 솔직하게 내 마음을 털어놓을 수 있는 대상을 찾는 것도 큰 도움이 될 것이다.

페어웨이Fairway: 자기 인식 단계

페어웨이는 퇴직 후 가장 어려운 시기인 러프 단계를 무사히 지나고 새로운 방향을 구상하기 시작하는 단계다. 페어웨이 단계에 도달하면 삶의 새로운 방향을 인식하고 가능성을 모색할 준비가 된다. 여전히 마음의 안정을 찾기 어려울 때도 있고 아직 구체적인 목표를 찾지 못했을 수도 있겠지만, 새로운 가능성을 찾고 배워가는 것이 중요하다. 이 단계에 이르러서야 새로운 일상에 조금씩 익숙해진다. 퇴직을 다 지나간 일로 인식하고 그대로 받아들인다지만, 가끔은 퇴직한 그날의 충격이 되살아나서 마음이 힘들 때도 있다. 하지만 곧 평온한 상태를 찾고 앞으로 나아갈 구상을 할 수 있을 만큼 안정된 상태다.

"저는 진단해보나 마나 러프입니다. 작년 말에 퇴직 통보를 받았어요. 지금도 간간이 회사 가서 인수인계하고 있지만, 아직은 정신이 없고 실감이 나지 않아요. 그동안 왜 그렇게만 살았나 싶고 앞으로 뭘 해야 할지도 모르겠습니다. 저는 365일 중에 360일 일만 했습니다."

_대기업 화학제품 제조기업 부사장 퇴직자 C님

대기업 계열사 한곳에서 35년을 근무한 C님은 퇴직한 지 3개월 차였으며, 자신은 퇴직준비도 자가진단에서 인지적 불안정(러프) 단계에 있을 거라고 이야기했다. 그런데 실제 진단 결과는 자기 인식(페어웨이) 단계였다. 어떻게 본인의 예상과 다른 결과가 나왔을까? C님과 분석 항목별로 자세한 이야기를 나누어보았다.

"사실 5년 전에 비슷한 경험을 했어요. 대표이사가 나가라고 하더라고요. 그런데 일주일 후에 다시 출근하라고 해요. 갑작스러운 퇴직 통보와 결정 번복이라는 악몽 같은 시간을 보냈습니다. 그때 깨달았어요. '이렇게 살면 안 되겠구나, 이러다 죽겠구나.' 저는 입사 후 하루도 쉬지 못했고, 임원이 된 후에는 오너의 의중을 살피느라 스트레스를 정말 많이 받았습니다. 그후 5년 동안 일은 예전처럼 했지만 마음을 바꿨어요. 식구들도 그때 큰 폭풍우를 한 번 맞아서 지금은 괜찮지 않나 그렇게 생각합니다."

C님은 5년 전에 있었던 갑작스러운 퇴직 통보 때문에 가장 힘겨운 정서적 불안정 단계를 스스로 극복한 셈이다. 짧은 시간 내 퇴직 통보와 번복이라는 충격적인 경험을 통해 언젠가는 반드시

올 상황을 미리 예측할 수 있게 된 것이다. C님처럼 '지금 내 상태가 편안하지 않다'라고 인정하는 것만큼 명확한 자기 인식은 없다. 그래서 진단 결과로는 페어웨이 단계가 나타난 것이다.

이를 IT 계열사 전무로 갑작스러운 퇴직을 맞이한 L님의 사례와 비교해보자.

"저는 퇴직하고 일주일 내로 구직 활동을 시작했습니다. 마음은 힘들었지만 내색하지 않았고 내색할 필요도 없다고 생각했습니다. 통보를 받고 집에 돌아오면서 '와이프한테 뭐라고 하지?' 그런 마음이 들었는데, 아내가 오히려 담담하게 대해줘서 고마웠습니다. 그때가 인생에서 몇 안 되는 힘든 시간이었다고 지금은 말할 수 있습니다. 저는 다른 대기업과 컨설팅회사 등 이직 경험이 많은 편이라서 퇴직이 당황스럽기는 해도 비교적 빨리 받아들인 것 같습니다."

_대기업 IT 계열사 전무 퇴직자 L님

L님의 경우는 퇴직 직후부터 퇴직 후 4년 차가 되는 지금에 이르기까지 지속적으로 근황을 듣고 있다. 퇴직 초기에는 여느 퇴직자와 다를 바 없이 퇴직 이유를 받아들이지 못하는 경향이 컸다. 회사 내에서의 정치적 이유 및 대표이사와의 갈등 등으로 인

해 밀려났다고 생각하며 포지션 회복에 대한 강력한 의지를 보였다. 이에 더해 정서적인 고충도 극심했는데, 퇴직 전후 스트레스로 인해 불안장애 진단을 받을 만큼 심각한 어려움을 겪었다.

그런데 L님의 경우 특이한 점은 자기 객관화 및 회복의 과정이 매우 빨랐다는 것이다. 그 과정을 들어보니, 다른 대기업 임원들에 비해 이직 경험이 많았다. 대기업 홍보회사에서 커리어를 시작하여 컨설팅 및 대기업 IT 계열사로 4~5차례 이상 전직한 경험이 있는데, 이직 경험은 갑작스러운 퇴직에 대한 수용도를 높여주는 요소가 된다. 물론 다양한 요소를 참고해야 하겠지만, 명확한 자기 인식 및 이직 경험 등은 퇴직 이후 소프트랜딩에 긍정적인 영향을 준다. 특히 L님은 자신의 경쟁력을 명확하게 이해하고 재취업 방향을 구체적으로 설정했다. 또한 재취업 후 머지않은 시기에 또다시 퇴직할 수 있다는 분명한 상황 인식이 퇴직 이후의 커리어를 안정감 있게 구상하고 실행해나가는 지름길이 되었다.

일단, 공을 페어웨이에 올려놓자. 어쨌든 그린으로 가게 되어 있다는 믿음만 있으면 된다. 삶도 마찬가지다. 그러니 마음의 여유를 조금 가져봐도 좋겠다. 욕심 내지 말고 1타만 줄이자는 마음으로 지금의 상태를 즐겨도 좋지 않은가? 스스로 페어웨이에 들어섰다고 생각된다면, 그다음 타는 페어웨이와 그린 사이의 적절한 곳에 공을 올려놓는 것이다. 골프처럼, 삶에서도 그저 욕심을 버리고 꾸준히 행동하는 수밖에 없다.

페어웨이 단계의 미션

이 단계의 목표는 긍정적인 마음으로 삶의 새로운 방향을 구체화하는 것이다. 새로운 것들을 많이 배워보는 것도 좋다. 자신에 대해 배우는 것, 소중한 가족과 지인에 대해 알아가는 것, 새로운 일상을 만드는 것, 관심 영역을 찾는 것, 잊고 지낸 꿈과 재능을 찾는 것이 중요하다. 이제 커리어에 대한 준비를 조금씩 시작해도 좋겠다. 자신의 역량을 객관적으로 들여다볼 수 있는 힘이 생긴 셈이니, 이제는 자연스럽게 나의 경쟁력도 다시 발견할 수 있을 것이다.

이 단계에서는 관심사를 넓히는 활동들을 해보는 것이 도움이 된다. 한 번도 해보지 않은 일들을 꾸준히 하고, '내가 할 수 있을까?' 생각한 일들 속에서 새로운 동기를 찾을 수도 있다. 누구에게는 스쳐가는 시간이 나에게는 결정적인 순간이 될 수 있다. 퇴직 후 굳건한 삶의 방향성을 찾은 모든 사람들이 이 단계를 잘 보냈다는 공통점이 있다. 이 모멘텀을 붙잡아야 한다.

온그린On Green: 목표 구상 단계

"보험회사 부장으로 퇴직한 지 10년 됐습니다. 지금은 6년째 동네에서 작은 빵집을 운영하고 있습니다. 저는 아주 적절한 타이밍에 퇴직을 했다고 생각해요. 퇴직이 더 늦었더라면 육체 노동이 많이 필요한 제빵 일을 할 수 없었을 겁니다. 내 빵집을 갖기 위해 준비한 기간은 대략 3년이었고, 그 기간 동안 과거는 잊고 오로지 앞으로 할 일에만 매진했어요. 저보다 어린 친구들과 제빵을 배우고 나이 어린 선배 밑에서 견습 생활을 하면서도 내 빵집을 갖겠다는 생각만 했습니다. 그래서 이겨낼 수 있었어요. 저는 후배들을 만날 때마다 뭐든 퇴직 전에 준비하라고 이야기해요. 만약에 저도 퇴직 전에 시작이라도 했다면, 제 가게를 조금 더 일찍 가질 수 있지 않았을까 생각합니다."

_보험사 부장에서 동네 베이커리 사장이 된 L님

드디어 새로운 목표가 생겼다. 아직은 대단한 성과를 기대하기는 어렵더라도 목표가 평범한 일상 위에 단단한 뿌리를 내리고 희망을 이야기한다. 바로 이 단계가 온그린이다. 새로운 인생 목표를 향한 긴 여정에 오른 셈이다. 러프와 페어웨이 단계를 무사히 지나 원하는 일을 찾은 것만으로도 퇴직 이후의 삶이 더 구체적으로 보이기 시작할 것이다. 여전히 목표에 도달할 수 있는 실행 방안은 막막할지 모르지만 8부 능선을 무사히 넘은 셈이다. 온그린 단계는 목표를 구체화하고 실행 준비를 하는 단계로서 '그래, 이걸 한번 해보자!' 싶은 마음이 드는 상태를 지나 명확한 방향성을 설정하는 단계이다. 구체적인 실행 방법은 미진할 수 있지만, 괜찮다. 이제부터 만들면 된다.

이 단계에서는 작은 성공 케이스들을 만드는 것이 중요하다. 새로운 목표가 실행 가능하고 지속 가능한지 판단하기 위해서이다. 그리고 이 목표에 대한 자신의 역량을 점검하는 것도 놓치지 않아야 한다. 만약 목표가 재취업이면 자신의 커리어 경쟁력을 철저하게 점검하여 구체적인 구직 단계에 돌입하거나 이미 재취업에 이른 상태여야 하고, 완전히 새로운 길을 찾겠다고 마음먹었다면 뉴업 방향성이 명확해야 한다. 요리사가 되고 싶다면 멋진 요리를 가족과 지인들을 위해 준비해보는 것을 시작으로 시장조사를 하고 계획서를 만들고 발품을 팔아 구체적인 액션을 취해보는 것이다. 유튜버가 되고 싶다면 나만의 콘텐츠를 꾸준히 만들어보고 팔로워와 뷰어를 기반으로 수익화 가능성을 확인하는 것이다. 핵심은 꾸준함이고, 결과는 측정 가능해야 한다. 방향이 생겼다면 더 이상 좌고우면하지 마라. 하다가 방향이 맞지 않는다고 판단되면 다시 점검하면 된다.

온그린 단계 이후는 퇴직 당시의 부정적인 정서에서 대부분 벗어났다고 볼 수 있다. 재취업을 했다고 해도 안정적인 직업 생활을 유지하고 있는 단계이며, 그럼에도 불구하고 또다시 퇴직 상황을 맞이할 수 있는 가능성도 명확하게 인지한다. 그래서 재취업 후에 또다시 퇴직의 위기가 올 것을 대비하여 뉴업에도 관심을 갖고 직장 생활에서 완전히 벗어났을 때의 나를 상상하는 것에 두려움이 없다. 이 단계에서는 지금 목표로 한 일을 지속 가능하게 만들고 수익 구조를 명확히 하는 것을 목표로 삼아야 한다.

온그린 단계에 안착한 대부분의 퇴직자들은 더 이상 자신을 '퇴직자'로 인식하지 않는다. 새롭게 도전을 시작하는 단계라고 여긴다. 가끔 퇴직했던 상황이 기억나 마음이 씁쓸하기도 하지만, 인생의 귀중한 추억이 되었을 것이다. 또한 퇴직 후 지금까지 많은 노력과 시행착오를 경험했지만, 앞으로 더 많은 일들이 남아 있음을 깊이 이해하고 앞으로 향하는 단계이다.

온그린 단계의 미션

보험사 퇴직 후 동네 빵집을 운영하는 L님의 다음 행보는 무엇일까? 지금의 성과에 안주하지 않고 동네 빵집의 활동 영역을 넓혀 사회와 가치를 나누는 것을 새로운 목표로 삼았다. 지역의 생산물을 도시에 사는 사람들과 직접 연결하는 플랫폼을 통해, 우리 땅에서 나는 밀로 건강한 빵을 만들어 소비자들에게 전달하는 것이 새로운 꿈이다. 이처럼 지금까지 이룬 작은 성공들을 기반으로 새로운 가치를 만들어가는 단계가 바로 온그린이다.

자, 이제부터 정보를 수집하고, 성공 사례들을 찾고, 전문가를 만나자. 실제로 콘텐츠를 만들고 실행하고 가능성을 검증하자. 이 단계에서 축적한 작은 성공들이 다음 단계로 이끄는 보물이 될 것이다. 특히 온그린 단계에서는 단단한 실행력으로 자신만의 콘텐츠를 만드는 것이 정말 중요하다. 오직 나만이 할 수 있는 일을 반드시 찾아야 한다. '나에게 무슨 콘텐츠가 있을까?' 의구심이 들기도 하겠지만, 살아온 모든 시간과 앞으로의 여정이 콘텐츠가 될 수 있다는 믿음으로 계속하라. 무엇이든 계속하는 사람은 이길 수가 없는 법이다. 한 개의 작은 성공이 가져올 기적을 기다리자.

홀인Hole-In: 목표 확정 및 실행 단계

"새로운 일을 시작하고 그 일을 자유자재로 해낼 수 있기까지 얼마나 걸릴까요? 저는 대략 5년 이상은 되어야 한다고 생각합니다. 예전에 IT 업무를 할 때도 5~6년 정도 되니까 그제야 실수 없이 일을 하게 되었습니다. 퇴직 후에 연고가 전혀 없는 지방에 내려와 맥주 사업을 시작했고 이제야 조금씩 자리를 잡아가고 있지만 여전히 고민이 많습니다. 5년쯤 되니 이제 겨우 한 단계 점프하는 느낌이 듭니다. 그리고 앞으로 2~3년은 더 열심히 술을 만들고 공부해야 할 것 같습니다. 술이 저에게 시련을 많이 주지만, 언젠가 신이 나를 더 좋은 일에 쓰시려는 것으로 생각하고 있습니다."

_글로벌 IT 전문가에서 맥주 브루어가 된 H님

퇴직 후 새로운 목표를 향해 각고의 노력을 다해온 일이 성과를 보였는가? 새로운 일에 자신감이 생기고 더 많은 사람들이 나를 찾기 시작하면 첫 번째 홀인에 성공한 것이다. 드디어 퇴직 이후의 새로운 가능성이 현실이 되었다. 하지만 홀인 단계에 도달한 사람들은 이 역시 인생의 긴 여정에서 한때 지나가야 할 과정임을 누구보다 잘 알고 있다. 이 단계에서는 지금의 아이디어를 확장하고 또 다른 가능성과 기회로 이어가는 것이 중요하다. 홀인 단계에 도달한 사람들의 특성은 새로운 일에 대한 굳건한 소명의식을 갖는다는 것이다. 지난 성과에서 멈추지 않고 지속적으로 새로운 가능성을 찾으며 더 많은 사람들과 연결하여 성장의 기회를 찾아갈 뚝심이 생긴다. 자신이 추구하는 일에서의 성공 사례를 찾고 유사한 경험을 한 사람들을 만나 조언을 얻으며 새로운 가능성으로 확장해가는 단계가 바로 홀인이다. 안정적인 경제 기반하에서 새로운 기회를 모색할 수 있는 여유도 이 단계에서 찾아갈 수 있다. 하지만 언제든 새로운 위기는 또 찾아올 수 있음을 경험으로 이해하고 있으며, 힘겹지만 또 다른 성장의 기회로 삼을 수 있는 배포도 생기는 단계다.

첫 번째 홀인에 성공하는 지름길은 러프-페어웨이-온그린 3단계를 잘 견뎌내는 것이다. 그런 과정 없이는 퇴직 이후 새로운 커리어에 대한 성취감을 맛보기는 어렵다. 하지만 이 단계가 결코 완전한 성공을 의미하지는 않는다. 그저 다음 여정을 위한 시작일 뿐이다. 앞으로도 인생의 다양한 필드에서 수많은 크고 작은 희비를 겪게 될 것이며, 때로는 또다시 깊은 러프에 빠질 수도 있다. 하지만 한 번의 홀인을 경험한 사람이라면 앞으로 무슨 일이 일어나더라도 다시 일어나 또 다른 홀인을 향해 목표를 조정하고 실천해나갈 수 있다. 성공을 한 번이라도 경험한 사람은 경험해보지 못한 사람이 결코 알 수 없는 것들을 내재하고 있다. 그래서 성공의 경험이 무엇보다 중요하다. 만약 이 모든 과정들에 담담히 맞서고 있다면 당신은 분명 홀인 단계에 있다. 특히 온그린에서 홀인으로 이어지는 과정은 꾸준한 노력에 더해 정교한 기술과 부단한 연습이 요구된다. 골프에서의 홀인도 끊임없는 연습에 행운이 더해져야 수월해지는 것처럼 퇴직 이후의 홀인 역시 마찬가지다. 이 단계에서는 스스로의 노력과 함께 동반자의 역할도 매우 중요하다. 자신이 목표로 한 업계 관련자들과의 인적 네트워킹을 확대하고 꼭 필요할 때에 도움을 청할 인생 조언자가 있다면 언젠가 반드시 빛을 발할 것이다.

홀인 단계의 미션

홀인은 그야말로 퇴직 후 '새로운 나'를 만들어가는 첫 단계다. 앞의 세 단계가 퇴직이라는 인생의 큰 터널을 지나는 지난한 과정이었다면, 지금부터는 새로운 길을 스스로 만들어가는 뉴업의 여정이 될 것이다. 더 이상 퇴직 순간이 아프게 기억되지 않으며, 이제는 앞으로 나아갈 방향에만 관심을 둘 뿐이다. 완전히 새로운 일상을 만들고 자신만의 성공 사례들을 꾸준히 축적하라. 지금까지의 경험을 되새겨 자신만의 성공 방정식을 만들고 앞으로의 여정에 반영하는 것도 도움이 될 것이다.

퇴직 후 완전히 새로운 일을 시작하여 성공한 것처럼 보이는 사람들을 유심히 보면 퇴직 전의 역량과 경험을 현재의 일과 잘 연결해왔다는 것을 알 수 있다. 남들이 보지 못하는 자신의 역량과 강점에 귀를 기울이고 작은 관심사를 소중히 여겨 꾸준히 사업화한 결과가 끊임없는 홀인을 만들어간다. 냉정하게 말해서, 타성에 젖은 직장인이 어느 날 갑자기 새로운 일에 성공할 리는 만무하다. 그동안 한 번도 생각해보지 않은 일에서 성과를 내기도 어렵다. 자신의 역량이 무엇인지, 그전에 나의 역량이 회사 생활에서는 어떻게 발휘되었는지, 그리고 이 역량을 새로운 목표를 달성하는 데 어떻게 사용할지 알아가는 것은 스스로의 몫이다. 그 연관성들을 면밀히 파악하여 새로운 역량으로 만들 수 있는 것도 오직 나 자신뿐임을 잊지 말기 바란다. 퇴직 이후의 변신은 이미 시작되있다.

3장
뉴업의 발견: 일곱 가지 방향성

당신의 새로운 역할, 뉴업의 의미

퇴직 후 새로운 역할 찾기

"한 회사 또는 한 업종에서 10년, 20년 일하신 분들은 누구나 경쟁력이 있어요. 주변의 시니어들을 만날 때 제일 안타까운 건 그걸 점차 잊어버린다는 거예요. 다 가지고 있고, 다 해본 일인데 본인이 위축돼 그걸 모르고 지냅니다. 회사 안에서 더 이상 못 올라가면 패배자라고 느끼죠. 사회나 주변의 여러 가지 문화가 그렇게 만든 거예요. 퇴직 후 두 가지만 생각하세요. 첫 번째는 '내가 뭘 잘하지?', 두 번째는 '내가 하는 일로 후배들이나 사회에 어떤 기여를 할까?' 거기에서 시작하면 됩니다."

_통신사 퇴직 후 자아 탐험가로 뉴업한 J님

우리에게 일이란 무엇인가? 아마도 단순히 경제 생활을 유지하기 위한 수단만을 의미하지는 않을 것이다. 일은 지금까지 나와 분리될 수 없는 나의 일부이자 일상의 원동력이었다. 소소한 기쁨이었고 좌절을 함께 겪어낸 인생 동반자였다. 그래서 많은 직장인들이 일이 없는 자신을 상상조차 하지 않으려 하고, 퇴직하면 오랫동안 정서적 충격에서 헤어나오지 못한다. 내 정체성의 큰 부분을 차지해왔던 직장에서의 삶이 단절되는 순간, 나의 존재감과 유능감을 한꺼번에 잃어버리는 경험을 하는 것이다.

그렇다면 어떻게 해야 할까? 답은 명백하다. 나를 새롭게 발견하고 다듬어 퇴직 이후를 이끌어갈 역할을 스스로 창조해야 한다. 이것이 바로 '뉴업'이다. 과거의 지위에 매달려 다시 돌아갈 수 없는 날들을 그리워하는 것은 어리석다. 직장 안에서의 나로부터 벗어나 더 넓은 사회 안에서의 나를 찾아가는 여정, 퇴직은 뉴업을 찾을 수 있는 새로운 기회다.

퇴직을 했어도 일해야 한다. 그 일을 통해 이전만큼 돈을 벌수도 있고 그러지 못할 수도 있다. 늘 꿈꿔왔던 일일 수도 있고 지금까지 상상조차 하지 못한 일일 수도 있다. 중요한 것은 뉴업을 발견하는 과정이 '나'로부터 시작되어야 한다는 것이다. 나에 대한 이해를 바탕으로 원하는 일을 찾아가는 여정이 '뉴업의 발견'이다.

또한, 뉴업은 '일과 여가의 균형을 스스로 결정하는 퇴직 이후의 새로운 역할'을 의미한다. 일과 여가의 균형이란 소득을 위한 활동, 여가 시간, 의미 있는 일, 이 세 가지의 건강한 균형을 뜻한다. 뉴업을 찾아가는 일은 나의 정체성을 새롭게 발견해가는 과정이기에 퇴직 이후가 아닌 바로 지금 누구라도 준비를 시작해야 한다. 그 과정은 명함이 없을 때 나를 소개하는 방법에 대한 준비이자, 명함이 없어도 행복하게 살 수 있는 용기이며, 나를 소개할 새로운 명함을 만드는 과정이기도 하다. 우리는 현재의 직장을 언제 그만둘지 모르지만, 퇴직 후에는 일의 개념을 확장하여 '나는 어떤 사람인가?'와 '어떻게 살 것인가?'라는 질문에 스스로 답할 수 있어야 한다.

일거리, 놀거리, 생각할 거리. 2장에서 말한 세 가지 준비물을 다시 기억하자. 뉴업은 이 세 가지 '거리'들의 균형을 통해 이루어진다. 퇴직 이후가 되면 일거리, 놀거리, 생각할 거리들의 상대적인 중요성이 끊임없이 변화할 것이다. 그러므로 시간의 흐름에 따라 삶의 밸런스를 유지하면서 새로운 목표를 향한 축적의 시간을 거쳐야 비로소 뉴업을 완성해갈 수 있다. 간절하게 새로운 역할을 찾고 싶은가? 그렇다면 절박하게 노력해야 한다.

당신이 과거에 어떤 회사에서 어떤 포지션으로 있었든, 몇 명의 부하직원을 '거느리던' 사람이었든 상관없다. 과거는 흘러갔고 미래는 오지 않았다.

이 장에서는 퇴직 후 실현 가능한 일곱 가지 뉴업 방향성을 실제 사례들과 함께 소개한다. 당신은 어떤 역할에 어울리는 사람일까? 아래 일곱 가지 뉴업 옵션들이 새로운 희망으로 연결되기 바란다.

(1) 로컬 가치 개발자Local Value Builder

(2) 인사이트 기버Insight Giver

(3) 창업가Company Founder

(4) 콘텐츠 크리에이터Content Creator

(5) 게임 체인저Game Changer

(6) 가치 투자자Value Investor

(7) 자아 탐험가Adventure Seeker

이중에서 한 번이라도 생각해보았거나 관심이 가는 뉴업이 있는가? 그렇다면 그 유형들로부터 상상을 시작하면 된다. 일곱 가지 유형들을 자세히 살펴보면 나와 잘 어울린다고 생각하는 방향이 분명 있을 것이다. 뉴업의 발견이라는 새로운 여정은 작은 관심과 실천에서 시작된다. 두 가지 정도를 선택했다면, 그 이유들을 살펴보자. 간단히 적어보는 것도 도움이 된다. 그다음에는 뉴업 성향을 진단할 수 있는 솔루션을 통해 구체적인 결과를 확인해보는 것도 좋다. 화담,하다 '뉴업 진단 솔루션New-UP(業) Planning Tool(NPT)'은 퇴직자 및 퇴직 예정자 개인의 역량capability, 성향personality, 목표 가치value goal에 맞게 자신에게 가장 적합한 뉴업 옵션들을 제시한다. 다양한 학문적 연구, 심층 인터뷰, 서베이 등을 토대로 4050세대의 퇴직 후 뉴업 성향을 스스로 진단해볼 수 있다.

나의 관심사에 어울리는 뉴업을 선택한 후 NPT 진단 결과와 연결해보면, 보다 구체적인 뉴업의 방향성을 찾을 수 있다. 내가 직관적으로 선택한 옵션과 성향 분석 결과를 비교하면서 실행 방안을 구체화해나가자. 이처럼 뉴업의 발견은 퇴직 후 '나의 새로운 역할'을 스스로 정의하고 실행 방안으로 구체화하는 과정을 의미한다.

한편, 뉴업의 일곱 가지 옵션 중에는 '재취업'이 빠져 있음을 발견할 수 있을 것이다. 그 이유는 재취업은 본인의 희망이나 의지와는 상관없이 커리어 경쟁력, 시장 현황, 적합한 포지션의 오픈 타이밍 등 다양한 외부 변수에 큰 영향을 받기 때문이다. 다시 말해, 상대방에 의해 결정되는 일자리이기 때문에 진정한 의미의 뉴업이라 보기 어렵다. 덧붙여, 당장 재취업을 우선순위에 두었다 하더라도 중장기 커리어 관점에서 뉴업 방향을 함께 모색하는 것은 필수불가결하다. 퇴직 후 재취업한 사람들의 평균 근속년수가 2년을 채 넘지 못하는 현실에서, 당장의 재취업 목표를 달성했다고 하더라도 그 이후의 목표를 함께 구상해야 할 필요성은 앞으로 더욱 커질 것이다. 누구든 언젠가는 회사로부터 독립해야 할 순간이 온다. 이를 알고 미리 준비하는 사람과 막연히 두려움에 휩싸여 퇴직을 기다리는 사람의 차이는 이루 말할 수 없이 클 것이다. 뉴업의 방향성을 갖고 꾸준히 준비해간다면 퇴직 후 삶의 여정이 그저 막막하지만은 않을 것이다.

3장은 누구나 시도할 수 있는 일곱 가지 뉴업 방향성과 다양한 분야의 성공 사례들로 구성되어 있다. 퇴직의 위기를 자각하기 시작하는 40대 초반 예비 퇴직자는 물론 뉴업에 성공한 후 더 큰 도전을 이어가는 사람에 이르기까지, 평범한 직장인들이 이루고자 하는 일을 먼저 시도한 다양한 사람들의 솔직한 심경을 담았다. 특히, 각 뉴업의 마지막에 소개한 7명과의 심층 인터뷰는 나 자신의 뉴업 방향성을 설정하고 실행해나가는 데 도움이 될 것이다. 인터뷰 대상자들 모두 최소 20년의 회사 경험을 갖고 있으며, 짧게는 1년에서 길게는 10년 가까이 자신이 원하는 새로운 분야에서 현재진행형 뉴업을 만들어가고 있다. 공통적으로 제시한 네 가지 질문은 다음과 같다.

(1) 뉴업의 계기: 뉴업을 시작한 결정적인 계기는 무엇인가?
(2) 역량 키워드: 뉴업을 할 수 있었던 자신의 핵심 역량은 무엇인가?
(3) 성향 키워드: 나의 어떤 성향이 이 일을 계속하게 하는가?
(4) 목표 가치: 앞으로 어떤 삶을 살고 싶은가?

이 질문들에 대한 사례 대상자들의 공통적인 반응은 지금까지 스스로에게도 물어본 적이 없었다는 것이다. 한편, 이 질문들을 먼저 고민할 수 있었다면 뉴업의 발견 과정에서 겪은 수많은 시행착오를 줄일 수 있었을 것이라는 의견도 내어놓았다. 지금도 '퇴직하고 뭐 하지?' 고민하는 모든 직장인들이 이 네 가지화두에 대답할 여유를 가지면 좋겠다. 이를 통해 스스로 뉴업의 계기를 찾고, 그 일을 할 수 있는 역량을 명확하게 인식하며, 온전히 '나 자신'으로서 그 일을 계속해나갈 수 있기를 바란다.

자, 이제 나와 어울리는 뉴업을 찾아보자. 눈을 돌려 내 삶을 조금 더 충실하게 만들어줄 것들을 찾자. 뉴업은 꾸준한 시도와 실행의 과정에서 이루어진다. 기회를 놓치지 않는 끈기만 있다면 당신의 뉴업은 이미 성공의 방향을 향할 것이다.

나에게 어울리는 일곱 가지 뉴업 옵션

뉴업은 개인의 역량, 성향, 목표 가치에 따라 다를 뿐만 아니라, 직급이나 전문 영역 등 사회적 요소에 따라서도 차이를 보인다. 직급별 차이를 예로 들어보자.

모 그룹사의 경영진을 대상으로 실시한 NPT 진단 결과는 다음과 같다. 인사이트 기버와 콘텐츠 크리에이터가 잘 어울리는 비율이 각각 35%, 25%를 차지하고, 가치 투자자나 창업가가 뒤를 잇는다. 인사이트 기버와 콘텐츠 크리에이터 비중이 높은 이유는 경영진으로서 축적된 경험과 지식을 기꺼이 나누고자 하는 열망이 크고 새로운 가치를 지속적으로 만드는 일에 적합

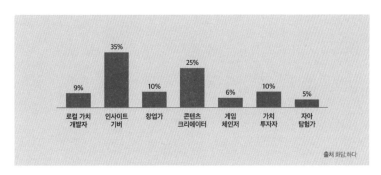

경영진급 인력들의 뉴업 성향 진단 결과

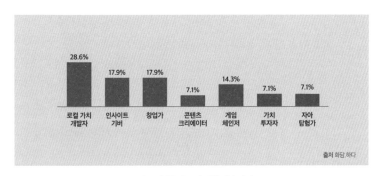

부장급 인력들의 뉴업 성향 진단 결과

도가 높기 때문으로 여겨진다. 반면에 대기업 차부장급 장기근속자를 대상으로 진행한 NPT 결과는 로컬 가치 개발자, 인사이트 기버, 창업가 순으로 나타났다.

그렇다면 자신의 뉴업 성향 진단 결과를 확인한 응답자들의 첫 반응은 어떨까? 자신과 상당히 높은 적합도를 보인다고 하면서도 난감한 표정을 짓는 사람들이 많다. 그 이유는 뉴업 방향이 맞다고 하더라도 대다수가 구체적인 실행 방안이 없거나 내적 동기와 추진력이 부족하기 때문이다. 무엇이 퇴직자들의 새로운 도전을 가로막는 것일까? 이는 앞서 말한 퇴직에 대한 사회적 인식에서 그 이유를 찾을 수 있다. 여전히 우리 사회는 퇴직을 거부해야 할 대상으로 여긴다. 회사에 남아 '버티면서' 어떻게든 월급쟁이 생활을 이어가는 것이 최선이라는 인식이 개인에게 새로운 가능성을 가로막는 걸림돌이 된다. 이러한 부정적인 정서가 새로운 도전을 망설이게 할 뿐만 아니라 퇴직준비의 필요성을 절박하게 인식하지 못하게 만든다. 하지만 퇴직은 피할 수 없고 회사는 우리의 마지막을 결코 지켜주지 않을 것이다. 모두가 시달리는 '퇴직 포비아'에서 벗어날 수 있는 유일한 방법은 나의 새로운 역할을 지금 당장 구체적으로 모색하는 일이다. 상황을 객관적으로 바라보는 현명함과 나 자신에 대한 호기심이 뉴업의 발견 과정을 더욱 의미 있게 만들어줄 것이다.

뉴업을 모색할 때 가장 중요한 것은 '그 일을 꾸준히 계속해 나갈 수 있는가', 즉 지속 가능성이다. 퇴직 후 새롭게 구상한 일로 경제적 소득을 만드는 것은 물론, 나의 소명을 찾을 수 있는 방법을 진지하게 고민해야 한다. 일과 삶의 새로운 균형도 필요하다. 많은 사람들이 '퇴직 후에 먹고살 궁리를 하기도 버거운데, 그걸 다 어떻게 고려하는가?'라고 반문할지도 모르겠다. 하지만 뉴업은 결코 이상적인 것이 아니다. 무엇보다 현실적인 문제 앞에서 생활을 유지하고 자존감을 지키며 살아가는 일이다. 작게는 먹고사는 일에서, 크게는 어떻게 살 것인가에 대한 답. 두 가지 질문에 대한 답은 항상 결을 같이한다.

뉴업에 실패하는 사람들의 다섯 가지 공통점

오랫동안 직장 생활을 해온 사람이 퇴직 후에 새로운 일을 해내는 것은 여간 어려운 일이 아니다. 특히 높은 지위에서 퇴직할수록 더 어렵다. 과거의 영광을 되뇌다보니 할 수 있는 이유보다 못할 이유들이 훨씬 많다. 웬만큼 만족스러운 옵션이 아니라면 시도조차 하지 않으려고 한다. 높은 지위에 있었던 사람들이 뉴업하기 힘든 다섯 가지 이유를 살펴보자.

첫째, 성공의 기준이 높다. 회사에서 이룬 성공을 개인의 성공이라 착각한다. 지금까지 잘 갖추어진 시스템 안에서 큰 성과를 이루어왔기 때문에 퇴직 이후에도 높은 성공 기준을 갖고 있다. 그래서 무엇인가 새로운 것을 시도하기보다 차라리 아무것도 하지 않고 시간을 보내는 경우가 많다. 그들에게 '성공'은 회사에서 인정받은 성과를 의미하기 때문에 퇴직 후에도 그에 걸맞은 기대를 하며, 이는 곧 낮은 실행력으로 이어진다. 그러나 잊지 말자. 회사에서의 성공은 혼자만의 성과가 아니다. 계급장 떼고 다시 시작하자!

둘째, 할 수 없는 이유를 먼저 찾는다. 회사에서 팀장급 이상의 역할을 한 사람들은 수많은 의사결정 앞에서 본능적으로 다양한 대안들을 평가하고 비교하는 데 익숙했을 것이다. 그러니 될 수 있는 방법보다 되지 않을 경우의 리스크를 먼저 생각한다. 이러한 위험 회피 성향이 개인의 새로운 도전에 걸림돌이 된다. 그러므로 지금 당장 할 수 있는 일을 찾아 실천으로 이어가는 것이 새로운 역할을 찾기에 좋은 시작이 된다.

셋째, 계획 수립에 익숙하다. 회사에서 어느 정도 이상의 포지션에 올라가면 계획 수립에 익숙해진다. 실행은 실무자의 역할이라고 생각한다. 큰 그림을 그리고 더 큰 방향을 조율해가는 일에 익숙했기에, 나를 위한 새로운 일들을 혼자 찾는 데서 당혹감을 느낀다. 발품을 팔아 실행하는 일보다 타인이 만든 기획서를 검토하고 평가하며 피드백하는 데 익숙하다. 지금 당장 가정법을 멈추고 실행하라. 계획만으로 되는 일은 아무것도 없다. 머리보다 몸을 먼저 움직이자!

넷째, 의사결정 프로세스가 길다. 회사 생활을 오래한 팀장급 이상의 직장인들 대부분이 사안들에 대해 심사숙고한다. 경영진이라면 복잡한 조직 체계와 의사결정 메커니즘을 모두 고려하느라 생각이 많고, 팀장들은 경영진의 결정을 기다리느라 시간을 보냈을 것이다. 그래서 혼자서는 실천에 잘 옮기지 못한다. 빠르게 계획하고 실행하자. 작은 성과가 큰 성공을 부른다!

다섯째, 스스로를 위한 새로운 일을 해본 적이 없다. 제일 안타까운 이유다. 회사 일에 집중하는 긴 세월 동안 나를 위한 새로운 일을 해본 적이 없었을 것이다. 그야말로 직장 생활 한 우물만 파다보니 내가 무엇을 잘하는지, 좋아하는지, 그리고 어떤 일을 할 수 있을지 생각할 기회조차 없었을 것이다. 내가 원하는 것을 모르는 채로 타인의 기대에 자신을 맞추며 살아왔다. 그래서인지 퇴직한 후에도 회사라는 공동체로 돌아가는 것을 최선의 선택이라고 믿으면서 인생에서 새로운 가능성을 발견할 기회를 놓치는 경우가 많다. 이제는 나에게 관심을 기울이자!

이 다섯 가지 이유들이 끊임없이 반복되는 한 뉴업의 발견은 힘들어진다. 결국 새로운 일상은 아주 작은 출발에서 시작된다는 것을 지금이라도 깨달아야 한다.

뉴업에 성공하는 사람들의 다섯 가지 공통점

그렇다면 퇴직 후 뉴업에 성공한 사람들의 공통점은 무엇일까? 한마디로 말하자면, 그들은 계속할 수 있는 힘을 가졌다. 그 힘은 퇴직준비를 일찌감치 시작한 데서 비롯되었을 수도 있지만, 시작은 다소 늦었더라도 신중함과 끈기로 자신이 원하는 것을 꾸준히 찾고 실행해가는 과정에서 얻어지기도 한다. 또한 그들은 자신의 역량을 잘 알고 있으며 과거에 이루었던 성과로부터 스스로의 핵심 역량을 끌어내 치열하게 새로운 목표와 연결해왔다. 그 지난한 과정을 통해, 나는 알지만 남들은 모르는 경쟁력을 축적해 뉴업으로 완성해온 것이다. 이처럼 성공 비결은 이미 내 안에 있다. 아직 발견하지 못했거나, 하려고 하지 않을 뿐이다. 뉴업 성공 여부는 회사에서의 역량이나 직급과는 전혀 관련성이 없기에 '누구나 성공할 수 있지만 아무나 성공할 수 없다는 것'도 기억해야 할 것이다. 다음의 다섯 가지 공통점을 확인해보자.

첫째, 미리 준비한 사람들이다. 두말할 것도 없다. 그들은 최소한 3년 이상 준비했다. 현직에서부터 퇴직을 계획한 사례들도 상당히 많지만, 퇴직이 얼마 남지 않았음을 문득 실감하고 아주 작은 일을 실행에 옮긴 사람들이다. 현직에 있을 때부터 적은 시간이라도 꾸준히 투자한 사람들이 퇴직 후 성공하는 것은 당연한 일 아닌가?

둘째, 본인의 역량 요소를 정확히 파악하고 있다. 대기업 신규 사업 추진 담당 임원에서 요리사 자격증을 취득하고 요리사의 꿈을 이루어가는 분, 보험회사 기업고객 영업 팀장에서 카페 주인이 된 분, 글로벌 기업 IT 전문가에서 수제맥주 브루어리를 운영 중인 분, 금융 전문가에서 즉흥 연극을 통한 멘토링과 극장 운영 사업을 하는 분. 얼핏 보기에는 모두 완전히 새로운 일에서 성과를 내고 있는 것처럼 보이겠지만, 한 사람 한 사람 이야기를 들어보면 결코 그렇지 않다. 지금까지 축적해온 지식과 경험을 퇴직 이후의 꿈과 연결하여 끊임없이 고민하고 실천한 결과다. 타인은 결코 볼 수 없는 기회를 찾아 자신의 스토리로 완성한 것뿐이다.

셋째, 회사 범위를 벗어난 인적 네트워크가 있다. 매일 만나는 회사 동료들을 퇴직 이후에는 얼마나 자주 만나게 될까? 아무리 친한 동료였다고 해도 1년에 두어 번쯤? 그마저도 퇴직한 시기가 서로 다르거나 퇴직 후 삶의 방향이 다르다면 시간이 갈수록 소원해질 것이다. 뉴업에 성공한 사람들은 이 단순한 사실을 빨리 깨우쳤다. 내가 원하는 뉴업의 방향성을 끊임없이 고민하는 과정에서 자연스럽게 새로운 일과 관련된 네트워크를 쌓아가거나 연결해나가는 적극성을 잃지 않았다. 한 회사에 오래 재직할수록 회사 밖에서 다양한 경험을 한 사람을 찾기 어렵고 찾을 용기가 나지 않으며, 때로는 나에게 필요한 사람들의 옥석을 가리는 일이 두렵기까지 하다. 하지만 명확한 뉴업 방향성하에서 회사 밖에서 지원군을 만들어가는 것이 중요하다.

넷째, 자신에게 투자할 용기를 가졌다. 금전적인 투자만을 의미하는 것이 아니다. 우리 사회에서 투자는 주식이나 부동산을 떠올리는 것이 일반적이다. 단기간에 금전적인 수익이 결과로 나타나길 바라는 기대심리가 크다. 반면에 뉴업에 성공하기 위한 투자에는 금전적 투자를 포함하여 시간과 노력이라는 가장 큰 자산을 내어놓아야 한다. 하지만 대부분의 직장인들이 퇴직 이후의 삶에 시간과 노력을 투자하는 데 인색하다. 타인의 성공을 부러워하면서도 선뜻 시도하지 않고, 실패를 두려워하면서도 변화하지 않으려 한다. 퇴직 이후의 삶에서도 투자는 반드시 필요하며, 투자 회

수 기간은 시간과 노력이라는 변수에 따라 결정되는 것 아닐까? 뉴업에 성공한 사람들은 퇴직 이후의 불안감을 해소하고 새롭게 도전하기 위해 자신에게 투자하는 것을 아끼지 않았다.

다섯째, 되는 방법을 먼저 구상한다. 뉴업에 성공한 사람들은 할 수 있는 방법을 먼저 찾는다. 먼저 퇴직한 직장 동료나 친구들로부터 조언을 얻은 후 곧바로 실천하는 사람들의 비율은 얼마나 될까? 뉴업에 성공한 사람들의 공통된 경험에 따르면 열 명 중 1~2명에 그친다고 한다. 퇴직을 준비하려는 많은 사람들이 먼저 뉴업한 사람들로부터 조언은 얻고자 하면서도 실행하지 않는다. 방법을 찾기보다 시작하기 어려운 현실을 먼저 생각한다. 월급이 없는 생활을 버텨야 한다는 사실이 두렵고, 남들도 아직 퇴직 이후를 구체적으로 구상하지 않는다는 것에 위로받는다. 당장 눈앞의 업무가 바쁘다는 핑계로 미래에 닥쳐올 당연한 위기를 망각하는 것. 대부분의 사람들과 달리, 뉴업한 사람들은 할 수 있는 것과 될 수 있는 방법을 먼저 구상했다. 그 생각의 차이가 인생의 새로운 장을 여는 열쇠가 된다.

뉴업 1. 로컬 가치 개발자

로컬 가치 개발자 Local Value Builder

지역의 특성과 환경을 활용하여 유무형의 자원을 개발하고 다양한 기회로
연결하여 지역을 삶이 깃드는 장소로 만드는 사람

역량 키워드

#적응력 #솔선수범 #도전 정신 #사고의 유연성 #창의력

성향 키워드

#도전적인 #근면한 #활동적인 #부지런한 #인내심이 있는

#낙천적인 #끈기 있는 #성실한 #겸손한 #섬세한

로컬에서 발견하는 새로운 가능성

"제가 퇴직하고 운영하는 지역 책방에 예전 동료들이 가끔 찾아와요. 1년에 몇 명은 됩니다. 얼마 전에도 다녀갔어요. '어떻게 준비했냐, 언제부터 해야 하나, 수입은 얼마냐, 월급만큼은 되냐?' 그런 질문들을 주로 해요. 제가 퇴직 후에 최소한 월급 없이 2년은 버텨야 한다고 이야기를 합니다. 저도 준비하는 기간부터 사람들에게 이 공간이 조금씩 알려질 때까지 시간이 필요했습니다. 그 기간은 어쩔 수 없는 투자 기간이에요. 그런데 그 이야기를 들으면 깜짝 놀라요. 생활비 없이 어떻게 했냐 되묻죠. 그런 분들 중에 퇴직준비를 하신다는 분들은 없어요. 대부분 '나는 못하겠다…' 하면서 회사에서 마지막까지 버티겠다고 하죠."

_금융사 부장 퇴직 후 로컬 가치 개발자로 뉴업한 L님

'퇴직하고 할 일 없으면 농사나 지을까?'

누구나 한 번쯤은 해본 말일 것이다. 한국농촌경제연구원의 '2022년 농업·농촌 국민의식조사'에 따르면, 도시 거주인 10명 중 3~4명이 퇴직 후 혹은 여건이 되면 귀농·귀촌할 의향이 있다고 답변했다. 그런데 농사가 어디 쉬운 일인가? 쌀 한 톨 경작에

88번의 손이 간다는 옛말도 있듯 농사는 결코 쉬운 일이 아니다. 그러니 낫자루 호미자루 한 번 제대로 들어본 적 없는 도시 사람들이 '농사나' 할 수는 없는 노릇이다. 물론 지금까지 치열하게 살아온 경쟁적인 삶을 뒤로하고 소소한 시골 풍경을 매일 누릴 수 있으리란 기대도 이해가 된다. 그러나 퇴직은 현실이다. 매일 그 일을 소명으로 삼아 생활을 영위할 수 있을까? 그 질문에 먼저 답해야 한다. 그 목표가 어느 정도 현실 가능성이 있는지를 스스로에게 묻고 어디에서 무엇을 어떻게 키울지 구상해야 한다. 작물이 정해졌다면 실제로 재배해보는 전지훈련 기간도 필요하지 않겠는가? 어디 이뿐인가? 내가 농사라는 노동을 기꺼이 감당할 수 있는지, 쉴을 바라보는 내 어깨는 중노동을 견딜 만한지, 점검할 것들이 한두 개가 아니다.

"이제 퇴직했으니 고향으로 내려가고 싶습니다. 그런데 정착은 원하지 않아요. 서울에서 사회 생활을 줄곧 했으니 연을 갑자기 끊기도 어렵고요. 와이프도 본인 생활이 있으니 함께 가기를 원하지 않습니다. 서울과 고향을 왔다 갔다 하면서 뭔가 계속하고 싶은데 구체적인 아이디어는 아직 없습니다."

_중견 기계 제조기업 대표이사 퇴직자 L님

위 사례가 보다 현실적인 니즈라 할 수 있다. 퇴직 후 귀농·귀촌을 희망한다고 응답한 사람들 중 복수의 주거지를 두고 생활하기를 원하는 사람들이 정착을 희망하는 사람들보다 다소 높다는 조사 결과가 있다. 다산 정약용 선생이 유배지에서 아들들에게 쓴 편지 중에 '절대 한양 사대문 안을 떠나지 말라'고 당부하는 글이 있다. 그때부터일까? 여전히 많은 직장인들이 퇴직과 은퇴 후에도 서울과 경기 지역에서 거주하고 활동한다. 그중 소수만이 꿈에 그리던 귀농·귀촌을 현실화하지만 평생에 걸쳐 쌓은 직장인으로서의 경험과 지식을 로컬에서 이어갈 기회는 많지 않다. 그런데 최근 로컬에 대한 의미가 '자신이 살고 있는 지역'까지로 확장되면서 삶의 터전을 완전히 옮기지 않고도 새로운 가능성을 찾는 경우가 심심치 않게 나타난다.

로컬 가치 개발자는 단순히 삶의 터전을 지방으로 이전하는 것이 아니다. 정기, 비정기적으로 여러 지역을 옮겨가며 생활하거나, 로컬과 도시의 사업적 연계를 통해 일과 휴식을 겸하는 경우도 많다. 이렇듯 여러 지역의 구성원으로 살아가면서 더 넓은 시각에서 다양한 가능성을 모색할 수 있다. 30여 년 전, 대우그룹 김우중 회장이 젊은이들에게 "세계는 넓고 할 일은 많다"고 했던가? 그때의 젊은이들이 퇴직 예정자가 된 지금, 그들이 희망을 품을 로컬은 넓고 할 일은 많다.

로컬 가치 개발자의 역량 및 성향

로컬 가치 개발자는 나의 역량과 경험을 다양한 지역으로 확장하여 새로운 가치를 만드는 사람이다. 또한 지역 특색이 가득한 로컬만의 매력적인 자원을 기반으로 지역 발전에 기여할 수도 있다. 이제 우리가 사는 곳 어디든 로컬이 될 수 있기에 로컬에서 할 수 있는 일은 앞으로 더욱 많아질 것이다. 예를 들면, 지역의 특성과 환경을 활용하여 유무형의 자원을 개발하고 다양한 기회로 연결하는 활동들이다. 로컬의 의미를 확장하면 내가 살고 있는 지역에서도 다양한 활동을 할 수 있고 서로 다른 지역을 연결하여 새로운 기회를 발견할 수도 있다.

로컬 가치 개발자는 성실히고 친화력이 우수하며 많은 사람들에게 호감을 주는 성향이 있다. 근면하고 활동적인 한편, 체계적으로 계획하고 실행하기를 좋아하며 주어진 일을 성실하게 수행하는 특성을 갖고 있다. 변화에 대한 수용성이 높아 다양한 도전을 시도하고 성공적으로 이루어낼 끈기를 가진 사람들이 도전해볼 만한 일이다. 트렌드에 민감하고 새로운 정보 습득에도 노력을 아끼지 않으며 분석적 사고를 바탕으로 문제를 해결할 수 있는 역량을 가진 사람들이 많다.

로컬 가치 개발자가 도전해볼 만한 일들
- 지역 내 협업을 통한 지역 거점 브랜드 개발
- 로컬 브랜드와 상점을 연계하는 플랫폼 구축
- 로컬 콘텐츠를 통한 소비자 접점 확대
- 타지역과 교류하는 관광 콘텐츠 개발
- 고택을 리모델링하여 복합문화공간으로 재구축
- 지역 특산물의 제품화 및 체험 공간 제공
- 태양광 에너지를 이용한 친환경 숙박시설 개발 등

좋아하는 일을 오래 하기 위해
로컬로 터전을 옮기다

"그동안 잘하는 일을 했다면,
퇴직 후 20년은 좋아하는 일을 하고 싶습니다."

글로벌 기업 SCM 총괄 매니저에서 도예가이자 귀농인으로 뉴업한 K님

마흔 중반이 되면서 월급이 없는 삶을 준비하고 싶었어요. 저는 대학 졸업 후 바로 직장 생활을 시작했고 20년 동안 정말 열심히 일했습니다. 그만큼 회사에서 인정받았고 일도 재미가 있었어요. 글로벌 브랜드 여러 곳을 거쳐 외국계 제약회사에서 글로벌 수요 공급을 담당하는 SCM Supply Chain Management 담당자로 일했습니다. 저는 현장에서 사람들을 만나고 문제를 해결해나가는 일이 좋았습니다. 그런데 언제까지 그 일을 계속할 수 있을까 고민하면서 현실적인 해결 방안을 구상하게 되었어요. 당시 돈을 버는 의미에 대해서도 많이 생각했습니다. 매일 식사도 대충 때우면서 일하다가 갑자기 회사에서 잘리기라도 하면, 그건 무슨 의미가 있을까? 그런 생각이 들기 시작했어요.

2014년 함께 사는 친구가 먼저 회사를 그만두고 경북 문경에서 한옥을 짓기 시작했습니다. 그동안 저는 회사를 계속 다니면서 적절한 때를 구상했죠. 그런데 회사에서 맡은 일을 당장 그만둘 수는 없었습니다. 무책임한 상사는 되고 싶지 않았어요. 그래서 상사와 면담 끝에 보직을 줄이고 독립적으로 할 수 있는 일을 맡았습니다. 2016년부터 아시아 총책임자의 비서실장 역할을 할 수 있는 일로 전환배치를 받았는데 혼자 할 수 있는 일이니 정말 다행이다 싶었습니다. 그런데 1년 후 글로벌 본사로 포지션을 옮길 수 있는 큰 기회가 찾아왔어요. 하지만 계획했던 퇴사를 감행했습니다. 더 이상 미룰 수 없었어요. 돌이켜보면 그때가 인생의 변곡점이었던 것 같습니다.

귀농 생활을 시작한 지 8년이 되어갑니다. 도자기를 빚고 공방을 운영합니다. 농사도 짓고 양봉도 하면서 생활하죠. 저는 최대한 자연 친화적인 상태로 살길 바라고 있어요. 적게 쓰면서도 잘 살 수 있다는 것을 알았습니다. 퇴직준비를 꽤 오래한 셈인데, 2008년부터 도예를 틈틈이 배웠습니다. 막연하지만 창의적인 일에 대한 동경이 있었고 회사 다닐 때도 휴가에는 전시회를 다니며 시간 보내는 것이 좋았습니다. 처음에는 스트레스도 풀 겸 취미 생활로 시작했지만, 언젠가부터 전업할 수 있겠다는 확신이 생기기 시작했죠.

창의력이 있는 편이라 생각합니다. 회사에서도 그런 피드백을 많이 받았습니다. 제가 기존과는 다른 프로세스나 방식으로 새로운 일을 제안하면 그게 잘 수용되는 편이었어요. 그리고 그 역량이 지금 하는 일에 큰 도움이 됩니다. 도자기를 빚고 소품을 만드는 일은 즐거움도 크지만, 계속 새로운 방식을 적용해보려는 에너지가 필요한 작업이거든요.

저는 행복하게 자연과도 가까이 살고 싶어요. 환경을 생각하지만 그다지 거창한 일은 아니어도 괜찮습니다. 예를 들어 수세미를 직접 키워서 사용하거나 양봉을 하는 일을 들 수 있겠네요. 궁극적으로 그런 삶은 나중에 농사나 자급자족의 범위를 넓히는 것으로 이어지지 않을까 생각합니다. 돈이 없으면 아무것도 하지 못하던 과거의 나에 비해, 돈이 부족해도 할 수 있는 일이 많다는 믿음이 생기기 시작했습니다. 그 현실을 더 높은 수준으로 끌어올리는 삶을 살고 싶습니다. 작업 측면에서는 이 일을 죽을 때까지 할 수 있기를 바랍니다. 노화를 자연스럽게 받아들이고 힘이 있을 때까지는 큰 작업을 하고, 나이가 더 들면 소품으로 이어가면서 흙과 유약을 놓지 않는 삶을 살겠습니다.

역량 키워드 #창의력 #적응력
성향 키워드 #도전적인 #섬세한

뉴업 2. 인사이트 기버

인사이트 기버 Insight Giver

타인에게 영감을 주고 사람들을 자극하여 삶의 변화를 이끄는 역할을 하며,
자신의 무형적인 자산으로 사회를 더 나은 곳으로 만드는 사람

역량 키워드

#의사소통 #분석력 #전문성 #자기계발 #인재 육성 #문제해결
#사고의 유연성

성향 키워드

#계획적인 #분위기를 잘 이끄는 #꾸준한 #호감 있는 #분석적인
#열성적인 #상냥한 #사근사근한 #다정한 #우호적인 #조화로운

나눌 것은 생각보다 많다

"직장 생활에서 얻은 인사이트는 회사 범위를 벗어나지 못합니다. 그 안에서나 통하는 지식과 경험이죠. 회사에서 나오게 되었을 때 내가 무엇을 갖고 있는지, 그게 누구에게 도움이 될지 구체적으로 생각해야 합니다. 막연하게 '내가 유명한 회사에 다녔는데…' 해봐야 아무도 알아주지 않더군요. 저는 과거 제 포지션이 사회에서는 의미가 전혀 없다는 걸 퇴직하고 한참이 흘러서야 알게 되었습니다. 강의를 통해 학생들을 가르치고 그들의 요구사항을 들어보니, 그제야 아직도 세상에는 배울 것이 많구나 느낍니다."

_글로벌 유통사 퇴직 후 인사이트 기버로 뉴업한 P님

'나도 멋진 인턴이 될 수 있을까?'

로버트 드 니로와 앤 해서웨이가 주연한 영화 〈인턴〉을 본 많은 중·장년들이 한 번쯤은 상상해보는 질문이다. 한 직장에서 40년을 근속한 후 퇴직하여 무료한 일상을 보내는 주인공 벤처럼 나의 경험과 인사이트를 나눌 수 있는 힙한 스타트업들이 많으리라고 생각하는 것이다. 정말 그랬으면 좋겠다. 실제로 퇴임한 경영진의 약 35%가 인사이트 기버에 어울리는 성향을 가졌다.

그런데 주인공 벤의 태도와 행동을 중심으로 영화를 자세히 본다면 좋은 인사이트 기버가 되는 일이 얼마나 어려운지를 금세 이해하게 된다. 벤은 세대를 불문하고 먼저 친절히 다가가고 자신의 도움이 필요한 사람을 예민하게 살핀다. 주어진 상황에서 나를 내세우거나 드러내지 않고 내가 도움이 될 일을 끊임없이 찾는다. 결코 무리해서 나서지 않고 상대의 생각을 바꾸려고도 하지 않으며 타인과의 관계에서도 일정 선을 넘지 않는다. 또한, 새로운 것을 배우고자 하며 어려운 일을 기꺼이 도맡는다. 그 과정이 결코 쉽지는 않지만, 한 사람의 '어른'으로서 그 역할을 감내해간다.

자, 이쯤 되니 영화 속 인물이 새롭게 보이지 않는가? 퇴직 후 인사이트 기버가 되는 일은 영화 〈인턴〉의 주인공이 되는 것과 다름없다. 중·장년의 오랜 경험이 때로는 '오래된 경험'으로 취급되기 쉬운 이 사회에서 좋은 어른으로 인정받고 존중받기란 쉬운 일이 아니다. 그러므로 자신의 태도나 행동이 상대방에게 어떻게 비추어질지를 섬세하게 자각하는 것은 물론, 상대방의 입장에서 이해하고 공감하는 정서적인 준비도 갖추어야 좋은 인사이트 기버가 될 수 있다. 자신의 경험과 지식을 타인으로부터 인정받기 위해서는 무엇보다 스스로 학습하는 능력이 필요하며 반복적인 성찰의 과정도 거쳐야 한다.

"어린 시절에는 선생님이 되고 싶었습니다. 하지만 부모님의 기대와 가족들의 생계를 위해 보수가 더 나은 대기업을 선택했어요. 그 길로 35년이 흘렀습니다. 운이 좋았다고 생각합니다. 대기업에서 대표이사까지 할 수 있었으니까요. 하지만 선생님이 되고 싶었던 꿈은 늘 갖고 있었던 것 같습니다. 그래서인지 퇴직 후에는 어린 학생들에게 상담을 해줄 수 있는 일들을 찾았습니다. 처음엔 소일로 시작했는데, 어린 학생들이 자신들의 부모에게도 할 수 없는 고민들을 이야기하더군요. 거기까지 하니, 상담사 자격증이 또 필요하겠더라고요. 얼마 전에 1차 시험에 합격했고 지금 2차 시험을 준비 중입니다. 현직에서는 구체적으로 생각할 여유가 없었지만, 퇴직 이후에는 어떻게 살아갈까 꽤 오래 생각했습니다. 정보들을 찾고 실행하는 과정이 쌓이니까 예전에 꿈꿨던 그 일과 비슷한 역할을 하게 되었습니다."

_에너지 계열사 대표이사 퇴직 후 인사이트 기버로 뉴업한 C님

S그룹사에서 사장으로 퇴임한 C님의 말이다. C님은 타인의

기대와 가족에 대한 책임감이 자신의 꿈을 대신하는 삶을 살았다. 그런데 동시대를 살아온 여느 직장인들도 이와 크게 다르지 않을 것이다. 어린 시절 꿈이 있었어도 부모님의 뜻이나 집안 형편에 따라 다른 길을 선택해온 사람들이 많다. 그래서일까? 퇴직 후 인사이트 기버가 되고 싶은 사람들은 자신의 지식과 인사이트를 타인에게 기꺼이 공유하고자 한다. 강의 및 강연 요청에 기꺼이 응하고 다음 세대를 위한 강의와 코칭 멘토링 등에도 적극적인 편이다.

C님이 퇴직 후 상당히 빠른 시간 내에 안정화 단계에 들어갈 수 있었던 이유 중 하나는 퇴직 전부터 '어떻게 살 것인가'에 대해 상당히 오랜 시간 고민해온 덕분이라고 소회한다. 퇴직 후 소위 사회적 지위나 명예를 유지할 수 있는 제안들도 꽤 있었지만 자신의 가치관에 적합한 일을 찾을 수 없었다. 대신에 사회적 기업, 협동조합 혹은 남들이 하지 않는 일이나 국가에서 하지 못하는 틈새의 일에 기여하고 싶은 확고한 의지가 있었다. 곁에서 지켜본 C님은 퇴직 이후에도 새로운 일을 꾸준히 모색하고 있고, 코칭 멘토링 전문 자격증 취득 시험에 도전하면서 청소년들을 위한 자원봉사 활동을 하는 등 사회적인 목표 가치를 꾸준히 달성하고 있다.

인사이트 기버의 역량 및 성향

인사이트 기버는 본인의 전문 영역에서 얻은 지식과 경험을 타인에게 나누는 것을 즐기고 스스로를 자랑스럽게 여긴다. 타인에게 영감을 주고 사람들을 자극하여 삶의 변화를 이끄는 역할을 하며, 자신이 가진 무형적인 자산으로 사회를 더 나은 곳으로 만들고자 하는 소신이 있다. 또한, 전문가로서의 능력 발휘에 만족과 기쁨을 느끼며, 타인의 인생이나 상황에 자신을 이입함으로써 기꺼이 도움이 되고자 한다. 인사이트 기버는 자신의 전문 지식을 많은 사람들에게 나누면서 타인에게 영감을 주고 사람들을 자극하여 삶의 변화를 이끄는 사람들이다.

인사이트 기버들은 주로 외향적인 성격을 갖고 있지만, 내성적이더라도 자신의 지식과 경험을 타인과 나누려는 것만큼은 누구보다 적극적이며, 친화적인 성향으로 타인에게 쉽게 호감을 줄 수 있다. 또한, 자신의 노력으로 사회를 더 나은 곳으로 만들고 싶어하기에 아주 작은 일이라도 의미가 있다고 판단하면 열정적으로 뛰어들고, 그 일을 통해 얻는 사회적 인정에 보람을 느끼는 사람들이다.

인사이트 기버가 도전해볼 만한 일들

• 대학 강의를 통한 경험과 지식의 공유

• 청소년 및 취업 준비생들을 위한 코칭·멘토링

• 직원들을 위한 코칭·멘토링

• 퇴직자들을 위한 경험 공유 및 코칭·멘토링

• 중소·중견 기업에 대기업의 노하우 공유 등

잘하는 일을 더 잘하기 위해
회사로부터 독립하다

"잘하는 일을 더 오래,
더 잘하고 싶습니다."

한 회사의 전략 기획자에서 많은 기업들의 전략 멘토로 뉴업한 H님

퇴사를 진지하게 고민하던 시기에 재취업 옵션들도 있었습니다. 하지만 이직해도 길어야 몇 년이라는 생각이 들더군요. 저는 컨설팅으로 커리어를 시작해서 현업으로 옮겼는데, 지난 30여 년간 나만의 프레임워크로 전략을 짜고 다양한 산업에 적용해볼 기회가 많았죠. 그 덕분에 전략 기획에서 실행까지 여러 방면에 깊은 이해가 있는 편입니다. 그런데 경영진으로 오래 일하면서 주체적으로 사업을 추진하고 싶은 새로운 목표가 생겼습니다.

저는 커리어 초기부터 일을 주도적으로 추진할 기회가 많았

습니다. 고객 분석, 전략 수립 및 실행, 지배구조 개선, 합병, IPO 등 기업이라면 반드시 필요한 전략적 의사결정들을 직접 진행했어요. 회사를 옮긴 적은 여러 번 있지만, 항상 프로젝트 기반의 업무를 수행했기에 새로운 과업을 맡는 데 두려움이 없었습니다. 그 덕분에 기업 경영에 대한 다방면의 인사이트를 얻을 수 있었습니다. 한 기업의 범위를 넘어 더 많은 기업들에게 경험과 인사이트를 나눌 수 있겠다는 결론을 내리고 1년 전 1인 경영 컨설팅 회사를 설립했습니다.

현직에 있는 동안 전문 영역에 관한 책을 출간했습니다. 그게 가장 큰 퇴직준비라고 할 수 있겠네요. 경력을 자연스럽게 이어갈 수 있는 매개가 필요했고, 회사라는 틀에서 벗어나 독립할 수 있는 기반이 되었습니다. 전략 컨설팅과 강연으로 서비스를 시작했는데, 책 덕분에 끊이지 않고 기업들의 요청이 있습니다. 그런데 대기업의 높은 포지션에 있었던 사람들은 '내가 혼자 영업을 해도 잘할 수 있겠지' 생각하는 경향이 있어요. 대단히 큰 착각입니다. 냉정하게 말해 고객들은 그 사람의 역량을 본 것이 아니라, 그 사람의 회사를 본 것입니다. 그 현실을 빨리 깨우쳐야 독립하더라도 일을 계속할 수 있습니다.

저는 분석적이고 상황을 객관적으로 바라보는 편입니다. 다른 사람의 이야기를 경청하고 더 나은 아이디어를 고민하죠. 어차피 인생에서 한 번은 창업을 해야 하는 시대입니다. 언젠가는 월급을 내려놓아야 해요. 70세까지 일하기를 바라면서 그때까지 다른 사람이 주는 월급을 기대할 수는 없죠. 프리랜서, 개인사업자, 법인사업자 등 그 형태가 다를 뿐이고, 그중 저는 법인 형태로 일을 꾸려갈 방안을 선택한 것입니다.

직장 생활을 오래한 분들이 가장 쉽게 구상할 수 있는 일이 자신의 경험으로 컨설팅이나 멘토링을 하는 것입니다. 그런데 지식 기반 사업을 하기 위해서는 최소한 세 가지 이상의 비즈니스 영역을 섭렵하고 통합적인 인사이트를 제시할 수 있어야 합니다. 그러지 않으면 자신의 경험에 갇혀서 좋은 인사이트를 고객들에게 제시하지 못해요. 그런 면에서 저는 제 이전 커리어가 지금의 일을 잘할 수 있는 든든한 기반이 됩니다. 더 이상 아버지 세대나 퇴직 선배들을 벤치마킹 대상으로 삼을 수 없는 시대입니다. 최소한 자신이 잘할 수 있는 부분을 명확하게 알아야 혼자서도 잘할 수 있습니다. 그래야 당황하지 않고 주도적인 결정을 할 수 있죠.

저도 이제 겨우 1년 차 사업가이고 앞으로도 시행착오를 거듭하겠지만, 직장만 달라질 뿐 역량은 바뀌지 않는다고 생각합니다. 앞으로도 지금처럼 저의 핵심 역량을 기반으로 사업을 넓혀갈 것이고 유사한 목표를 가진 분들과 협력하면서 기회를 확대해나가는 것을 목표로 삼고 있습니다. 저는 계속 잘하던 일을 더 오래, 더 잘해나가려고 합니다.

역량 키워드 #분석력 #전문성 #사고의 유연성 #문제해결 능력
성향 키워드 #열성적인 #계획적인

뉴업 3. 창업가

창업가 Company Founder

기존 산업 내에서 새로운 방식을 통해 문제를 발견하고 남다른 해결책으로
사업을 추진하는 사람

역량 키워드

#인맥·네트워킹 #사교성 #스케줄 관리 #리더십 #협상 #문제해결

성향 키워드

#도전적인 #과감한 #대담한 #신뢰감을 주는 #매력적인 #창의적인
#모험을 즐기는 #직관적인

방식을 달리하면 신사업이 된다

"사람은 의미 있는 일을 하고 싶어합니다. 그런데 의미 있는 일이란 무엇일까요? 저는 일의 기본을 노동이라고 봤어요. 매일 빵을 만드는 일은 지금도 힘들지만 건강이 허락하는 한은 평생 할 수 있을 것 같아요. 언젠가는 더 이상 이 일을 할 수 없는 나이가 되겠지만, 사람은 기본적으로 일을 해야 한다고 생각해요. 자기가 좋아하는 일을 하며 열심히 살아가는 모습은 아름답잖아요."

_금융회사 퇴직 후 베이커리 창업가로 뉴업한 ㄴ님

최근 40여 개 공공기관 팀장급 리더 80여 명을 대상으로 뉴업 성향 진단을 실시하고 그 결과를 공유하는 워크숍을 진행한 적이 있다. 어떤 결과가 나타났을까? 일곱 가지 뉴업 옵션 중 창업가(31.8%)가 가장 높은 비중을 나타냈고, 로컬 가치 개발자(20.5%)와 콘텐츠 크리에이터(18.2%)가 뒤를 이었다. 결과를 공유하는 순간, 워크숍 참여자들 사이에 술렁거림과 얕은 탄식이 쏟아졌다.

"아이고, 퇴직하고 창업하면 전부 실패한다는데, '창업가'가 나오면 어떡합니까?"

"사업해서 성공하면 좋은데… 다 말아먹을까봐 겁이 납니다. 와이프가 엄두도 내지 말라고 합니다."

우려하는 것처럼 우리나라 중·장년 창업 실패율은 상당히 높다. 창업 후 5년 내 생존율이 30% 수준에도 미치지 못한다는 통계 자료도 있고, 직장 생활을 오래 경험한 중·장년일수록 창업에 대한 두려움도 크다. 당연하다. 회사에서만 30년을 보낸 사람들이 어느 날 갑자기 소상공인으로 성공한다는 것이 어찌 쉬운 일인가? 그러니 괜히 열심히 일해서 번 노후자금을 프랜차이즈 창업이나 카페 창업에 쏟아붓지 말고 지킬 생각을 해야 한다고 많은 전문가들이 입을 모은다. 사정이 이렇다보니, 당사자들도 퇴직 후 창업하는 것을 실패를 향해 뚜벅뚜벅 걸어 들어가는 것처럼 여긴다. 그러면서도 한편으로는 퇴직 후 빠듯한 살림에 결국 '먹고살 일'은 소규모 창업밖에 없다는 생각에 깊은 좌절감도 느낀다. 그렇게 보면 위에서 사례로 든 공공기관 정년퇴직 예정자들의 창업 리스크에 대한 반응은 어쩌면 당연한 것인지도 모른다.

하지만 퇴직 후 창업에 성공한 사람들이 분명 있다. 그 사람들이 어떻게 준비했는지, 어떤 여정을 거쳤는지 점검해본 적이 있는가? 그리고 지금은 어떤 상황이며 어떻게 미래를 그려가는

지 면밀하게 탐색해볼 기회가 있었는가? 어려움 속에서도 '결국은 해내는 사람들' 사이에는 분명한 공통점이 있다는 데 주목할 필요가 있다. 대부분은 낮은 확률을 뚫고 창업에 성공한 사람을 아주 특별한 경우라고 여기지만, 그 사람이 '나'이면 왜 안 되는가? 그들도 처음에는 여느 퇴직자들과 다르지 않았을 것이다. 다만 미리 철저하게 준비하고 실행했을 뿐이며, 남들과 다르게 생각했고 다른 결과를 얻었을 뿐이다.

대부분의 50대가 피해 갈 수 없는 것 중 하나가 '오십견'이다. 이 자연스러운 근육 퇴화 현상은 어쩌면 몸에만 한정되는 것이 아닐지도 모른다. 마음 근육도 예전 같지 않다. 예전에는 몸도 마음도 새로운 일이 두렵지 않았을 것이다. 열정적으로 도전했고 방법을 찾았으며 더 나은 해결책을 찾고자 했을 것이다. 하지만 퇴직을 앞둔 상황에서 과연 그 예전만큼의 열정과 노력으로 퇴직 이후를 구상했을까? 아마도 아닐 것이다. 그래서 퇴직 후 창업의 벽이 더욱 두껍고 높아 보이는 것일지도 모른다. 최소 20년 이상 직장인 근육으로 살아온 평범한 사람들이 비자발적 퇴직에 몰려 선택할 수 있는 옵션으로 치킨집과 카페 창업을 떠올려왔다. 그리고 그 창업 아이템에는 무어라 딱 짚어 설명하기 어려운 사회적 냉소도 포함되어 있다. 그것은 어쩌면 대기업 중심의 경쟁적인 사회 구조 속에 살아온 평범한 직장인들에게 '다음 여정'을 감히 꿈조차 꾸지 못하게 만든 원인이 되었을지도 모른다.

많은 직장인들이 '어쨌든 버티기 작전'이 가장 좋은 선택지라고 당연하게 생각해왔다. 아주 낮은 확률이지만 퇴직 후 창업에 성공한 사람들은 평범한 사람들과 다른 시각으로 대상을 바라본다. 그들은 치킨집이라도 어떻게 남과는 다르게 튀길 것인지, 카페라도 어떤 특별한 메뉴로 손님을 대할 것인지 끊임없이 고민한다. 바로 이 지점이다. 퇴직 후 창업은 무조건 실패한다고 믿고 시도할 생각조차 하지 않을 것인가, 아니면 나는 어떤 아이템을 어떤 새로운 방식으로 차별화하고 예상되는 리스크를 어떻게 최소화할 것인가를 끊임없이 고민할 것인가? 그 생각의 차이가 성패를 가를 것이다. 이와 함께, 나의 근육이 여전히 육체적·정신적 노동을 이겨낼 만한지, 나의 미각과 손재주가 남다른 결과를 만들어낼 수 있는지도 객관적으로 살펴야 한다. 창업은 퇴직 후 누구나 생각할 법한 선택이지만 아무나 성공할 수 없는 옵션이다. 그래서 그 어떤 옵션보다 미리 준비해야 하는 것이지, 퇴직 이후 궁여지책으로 선택할 것이 아니다.

창업가의 역량 및 성향

창업가로 뉴업한 사람들은 기존 산업 내에서 새로운 방식을 통해 문제를 발견하고 남다른 해결책을 찾고자 한다. 금융회사에서 퇴직한 후 베이커리 사장이 된 L님의 사례에서도 창의적인 도전과 모험을 즐기고 타인에게 신뢰감을 주는 창업가 성향을 깊이 이해할 수 있다. L님은 창업을 결정한 순간부터 트렌드를 따라가는 빵이 아니라 기본에 충실한 빵을 만들어 지역에서 가장 인기 있는 빵집이 되겠다는 분명한 목표를 세웠다. 그 목표 하에서 우리 밀을 이용한 식사빵으로 안정된 매출 기반을 이루어가고 있으며, 빵집 오픈 후 2년 만에 코로나19가 터졌어도 정부가 주는 소상공인 지원을 한 번도 받지 않을 정도로 안정적인 사업을 운영하고 있다.

빵집이 창업 아이템으로 특별하게 느껴지는가? 그렇지 않을 것이나. 하지만 L님의 사업 추진 전략이야말로 그 무엇보다 특별하게 느껴진다. 퇴직 전 해본 홈베이킹 취미가 계기가 되어 지금은 동네에서 제일 유명한 빵집이 되었고, 더 나아가 다양한 지역으로 확장하는 새로운 꿈을 갖게 되었다. 이처럼 퇴직 후 창업가가 된다는 것은 그저 유행하는 아이템을 이리저리 기웃거리는 것이 아니라 남다른 호기심에 기반해 철저히 시장을 분석하고, 기존의 틀을 깨는 상상력과 끈기로 사업 기회를 찾아가는 끊임없는 도전의 과정이다. L님이 미래의 창업가들에게 전하는 당부는 아래와 같다.

"40~50대의 창업에는 두 가지가 필요합니다. 첫 번째는 머릿속에서만 그리지 마세요. 실제로 해보지 않고 손님의 입장으로 경험한 걸 전부라고 생각하면 100% 망해요. 그 일이 어떻게 돌아가는지 체험으로 알아야 해요. 현재의 유행을 따르거나 다른 사람의 말만 듣고 창업하지 말고 직접 그 안에 들어가 충분히 경험하고 결정하세요. 현장에서의 준비가 반드시 필요하다고 생각합니다. 두 번째는 시간입니다. 50대에 퇴직하고 창업해도 최소한 15~20년은 할 일이에요. 그러니 조급해하지 말고 처음 2~3년을 투자하세요. 그 정도는 투자해야 15년, 20년을 끌어갈 수 있어요. 그래야 최소한 쉽게 실패하지는 않을 것 같아요. 어떤 창업이든 똑같아요."

창업가로서 도전해볼 만한 일들
- 가맹점 운영 사업
- 전문 영역 지식 기반의 창업 및 사업체 운영

- 골목 상권 내 아이디어 반짝이는 소상공인
- 신규 상품 및 서비스 아이템 발굴 등

레드오션도 블루오션도 아닌
사업 아이템을 선택하다

"자신을 너무 믿지 마세요.
직접 할 일과 맡길 일을 정확히 파악해야 합니다."

회사원과 투자자를 거쳐 마침내 창업가로 뉴업한 L님

오랜 회사 생활을 끝내고 소규모 지분 투자를 통해 사업의 영역에 발을 들여놓았습니다. 그 회사에서 조직 운영 총괄 COO 역할을 했는데 4년 반 만에 엎어지게 되었어요. 경영진과 사업에 대한 방향이 달랐고, 특히 CEO가 시장 및 기술에 대한 전문성이 부족해서 사업이 지속되지 못했습니다. 그후 이제는 내 사업을 할 때가 되었다는 생각이 들기 시작했어요. 사업 아이템을 구상하던 중에 반려동물 영양제를 아이템으로 선택하게 되었는데, 제가 반려인이라서 반려동물의 건강 문제에도 관심이 많았습니다. 반려동물 시장은 최근 급격하게 성장하는 시장이지만 아직은 기회가 있다고 판단했습니다. 완전히 새로운 시장은 아니니까 시장 리스크는 줄이면서도 아이템을 명확하게 한다면 충분히 승산이 있다고 생각했어요.

저의 경우에는 이전 직장의 커리어가 현 사업에 큰 도움이 되지는 않았습니다. 저는 어렸을 때부터 학자가 되고 싶어서 해외에서 박사 학위를 받았어요. 그 후에는 컨설팅회사와 대기업 컨설팅팀 등 다양한 이력을 거쳐 대기업 인사팀에서 직장 생활을 마무리했습니다. 그래서 창업 아이템과 관련한 인적 네트워크가 전혀 없었습니다. 사업 아이템만 확정한 상태였죠. 처음에는 제가 상상하지도 못한 이력의 사람들과 부대끼는 것이 쉽지 않았습니다. 채용에서 운영에 이르기까지, 이전 경험과는 완전히 다른 세계였습니다. 욕심을 버리고 차선과 차차선을 선택하는 과정에서 한계를 느끼는 경우가 많았어요. 채용 이튿날 출근하지 않은 사람도 있었죠.

그나마 인사팀 근무 경험이 현재 사업에 도움이 되었다고 생각합니다. 다양한 스펙을 가진 사람들을 만났고, 그때 사람들의 성향, 인성, 역량 등을 면밀히 관찰할 기회가 많았습니다. 저는 상대방을 신뢰하기까지 시간이 좀 필요한 편인데, 한 번 신뢰하면 그걸 계속 표현하려고 합니다. 그랬더니 지금 일하는 직원들과는 관계도 좋고 앞으로도 오래 같이 일하고 싶습니다.

새로운 사업을 하는 데 있어서 그 분야의 경험이 풍부한 직원이 반드시 필요하다는 사실을 깨닫는 데 오랜 시간이 걸렸습니다. 초기 자본이 부족한 상황에서 그 분야 전문가를 직원으로 뽑는 것은 쉬운 일이 아닙니다. 하지만 돌이켜보면 다소 무리가 있더라도 그런 사람을 곁에 두고 시행착오를 줄였더라면 그동안의 비용도 절반 이상 절약할 수 있었을 것이라 생각합니다. 창업을 하고자 한다면, 자신의 역량을 정확히 파악하고 능력이 모자란 부분은 전문가의 조언을 지속적으로 받아야 합니다.

창업가로서 자신을 너무 믿지 마세요. 자신의 능력만 믿고 모든 계획을 혼자서 수립하고 사업을 추진하는 것은 리스크가 상당히 큽니다. 자신이 좋아하는 아이템으로 사업을 시작하더라도 시장 메커니즘을 이해하지 못하면 실패할 수 있습니다. 그러니 내가 잘하는 것과 맡겨야 하는 것을 정확히 파악하는 것이 중요합니다. 특히 그 산업에서의 경험을 가진 사람을 직원으로 채용하는 데 투자하세요.

앞으로의 제 목표는 경제적 자유를 얻는 것입니다. 그런데 반드시 나와 내 가족이 잘 먹고 잘 사는 것만 목표로 두지는 않았어요. 점점 제 가치관도 변화한다는 것을 느끼고 있습니다. 그동안 다양한 인생사를 경험하고 스스로 통제할 수 없는 존재에 대한 인식도 커지면서 교회 활동도 열심히 하고 있습니다. 교회에서 우연히 재산관리 부장을 맡아 교회 살림살이에도 관심을 갖게 되었는데, 사업이 궤도에 오르면 사회에 기여할 수 있는 다양한 방법을 찾고자 합니다. 이를 통해 나 혼자만이 아니라 우리 교회가 사회의 약자들을 돕고 봉사할 수 있도록 지원하여 기업가로서 사회적인 책임을 다하고 싶습니다.

역량 키워드 #협상 #리더십 #문제해결 능력
성향 키워드 #직관적인 #신뢰감을 주는

뉴업 4. 콘텐츠 크리에이터

콘텐츠 크리에이터 Content Creator

독창적인 사고와 감각으로 자신만의 콘텐츠를 창조하고 기존 콘텐츠를 새롭게 재구성해 지속적으로 공유함으로써 가치를 만드는 사람

역량 키워드

#자기 투자 #좋은 안목 #아이디어 #창의력 #심미안

성향 키워드

#호기심 많은 #창의적인 #상상력 넘치는 #열정적인 #끈기 있는
#도전적인 #꾸준한

전문성과 취향을 연결하면 나만의 콘텐츠가 된다

"저는 전국 맛집들을 잘 압니다. 지난 30년간 영업하러 전국 곳곳을 다녔어요. 수많은 고객들을 만났죠. 그동안 얼마나 많은 밥집들을 찾아다녔겠습니까? 그룹사에서 첫 번째 퇴직을 당한 후에 막막한 마음이 들고 앞으로 뭐 할까 생각하다가, '그렇지, 나보다 전국 맛집을 잘 아는 영업 전문가는 없지.' 그런 생각이 들었습니다. 지금은 운 좋게 재취업을 했는데 언젠가는 퇴직을 하겠죠. 그때는 방랑 시인 김삿갓처럼 맛집 소개 유튜버가 되고 싶습니다."

_대기업 보안 전문 기업 영업대표 퇴직자 K님

콘텐츠 크리에이터가 되고자 할 때 핵심은 '과연 나만의 콘텐츠를 찾아낼 수 있는가'이다. 그리고 결론은 누구나 할 수 있다는 것이다. K님은 대기업 계열사에서 첫 번째 퇴직 후 자신이 가진 경험과 역량이 무엇인지 진지하게 생각해보는 시간을 가졌다. 갑작스러운 퇴직이 막막하기 그지없었지만, 지난 30여 년의 직장 생활 동안 나에게 축적된 자산이 과연 무엇인지 깊이 고민했다. 그러고는 '전국 맛집을 잘 아는 영업 전문가'가 자신만의 콘텐츠가 될 수 있으리란 기대를 하고 있다. K님이 당장 유튜버가 되고 말고는 그다지 중요하지 않다. 내 지식과 경험이 어떤 매력 있는 콘텐츠가 될 수 있을까 생각하는 것만으로도 콘텐츠 크리에이터로서의 역량을 갖춘 셈이다. 특히 K님은 자신의 영업 역량을 남들이 생각하지 못한 경험과 연계하여 아이디어를 구상했고, 이러한 과정이야말로 언젠가 직장 생활을 성공적으로 마감했을 때 다음 여정으로 소프트랜딩할 수 있는 저력이 될 것이다. 현재는 종합환경기업에서 영업대표의 커리어를 이어가고 있지만, 언젠가는 콘텐츠 크리에이터로서의 꿈을 꼭 이루기를 바란다.

새로운 환경에서 살아남을 수 있는 좋은 방법 중 하나는 '콘텐츠 생산자'가 되는 것이다. '유명 유튜버도 아니고, 페이스북이나 인스타그램 팔로워도 몇 명 되지 않는 내가 어떻게 갑자기 콘텐츠를 만들까?' 많은 퇴직 예정자들이 자신들에게 무슨 콘텐츠가 있을 수 있냐고 되묻는다. 그도 그럴 것이 지금까지 회사 생활을 하면서 내 이름으로 콘텐츠를 기획하고 제작한 경험이 많지 않을 것이다. 그저 회사 보고서를 열심히 썼거나, 회사를 위한 콘텐츠를 만들어왔을 뿐이었다. 그래서 내 취향을 모르고 내 경험에서 타인이 관심 있어할 만한 것이 있다는 사실을 믿지 못한다. 가장 서글픈 일은 퇴직 그 자체가 아니라, 내가 좋아하는 것을 알지 못한 채로 퇴직했다는 것 아닐까.

어떻게 하면 콘텐츠 생산자가 될 수 있을까? 퇴직 이후를 살아가기 위해, '재무자산 얼마를 만들 것인가'만을 목표를 두기보다, 콘텐츠 소비자에서 콘텐츠 생산자가 될 방법을 찾아야 한다. 가진 것에 만족하지 않는 한 돈은 얼마를 모았든 늘 부족하다. 타인과 자신의 자산 규모를 비교하며 결핍을 느낀다. 그게 돈의 속성이다. 하지만 콘텐츠는 이와는 다르다. 나라는 존재로 얼마든지 그 가치를 확대시킬 수 있는 무한한 가능성을 가진 자산이다. 콘텐츠 생산자는 단순히 새로운 콘텐츠를 컴퓨터 앞에서 만드는 것만을 의미하지 않는다. 지금까지 쌓은 지식과 경험을 다음 여정으로 연결하는 지난한 과정이 바로 콘텐츠 크리에이터로 뉴업하는 것이다. 고되겠지만, 퇴직 후 진정한 독립을 이루는 좋은 방법이 될 것이다. 자신만의 콘텐츠를 만드는 것을 어렵게 생각할 필요가 없다. 익숙하지 않을 뿐인데, 지금 당장이라도 자신의 경험을 짧은 글과 영상 등으로 만들어보자. 그 뒤에 찾아올 새로운 가능성을 지금은 누구도 알 수 없다.

콘텐츠 크리에이터의 역량 및 성향

콘텐츠 크리에이터는 독창적인 사고와 감각으로 자신만의 콘텐츠를 창조하고 기존 콘텐츠를 새롭게 재구성해 사회에 전파하고자 한다. 또한 그렇게 만든 콘텐츠를 다른 사람과 공유하는 것을 통해 성취감을 느낀다. 도전적인 일을 즐기며 새로운 개념을 만들어 가치를 찾아내는 데 관심이 많고 적극적으로 시도하고자 한다. 콘텐츠 크리에이터가 되기 위해서는 자신이 좋아하는 분야를 찾아 본인의 강점을 발휘할 수 있는 콘텐츠를 지속적으로 만들어낼 수 있는 꾸준함이 필요하다. 전문 영역에 대한 지식은 물론 오랜 취미나 일상 생활에서의 섬세한 관찰에서 남들과는 다른 콘텐츠를 만들 수 있는 기획력이 있어야 한다. 콘텐츠 크리에이터로서 뉴업을 원한다면 혼자 콘텐츠를 만들어가는 것도 좋지만, 초기에는 커뮤니티 활동 등을 통해 다른 사람들과 교유하며 팀을 이루어 결과물을 만들어내는 것도 좋은 방법이다.

콘텐츠 크리에이터는 그 자체로도 훌륭한 뉴업 옵션이지만, 다른 뉴업 방향과 연계되면 시너지를 얻을 수 있다. 예를 들어, 로컬 가치 개발자로 활동하면서 그 내용을 꾸준히 콘텐츠로 제작하거나, 창업가가 준비 과정에서부터 매일의 일상을 콘텐츠화하고 이를 홍보에 활용한다면 본연의 목표를 이루는 데 분명 큰 도움이 될 것이다. 그러므로 단지 블로거나 유튜버가 되겠다는 목표만을 두지 말고 어떻게 하면 다양한 분야와의 연계를 통해 사업적 기반을 넓힐 수 있을지 고민하는 것이 좋다.

콘텐츠 크리에이터로서 도전해볼 만한 일들

- 자신의 콘텐츠로 유튜버 도전하기
- 남과 다른 일상 이야기를 담는 블로거 되기
- 지식과 경험을 책으로 출간하기(독립 출간 및 기획 출간 등)
- 축적된 콘텐츠를 외부 강의 및 커뮤니티 활동으로 수익화하기
- 취미를 통한 재능의 발견 등

예술 분야 전업작가로
어린 시절의 꿈을 좇다

"평생 적성을 찾아 돌고 돌다가
이제야 정착했습니다."

글로벌 명품 브랜드 MD에서 작가로 뉴업한 P님

패션 브랜드 MD는 해외 출장이 정말 잦아요. 경쟁도 말할 수 없이 심하고 나이 들수록 위로 올라갈 문도 좁습니다. 저는 어릴 때부터 해외 생활을 오래 해서 해외 출장에 익숙했고 일도 적성에 잘 맞았습니다. 그런데 마흔 살이 되면서부터 '내가 좋아하는 해외에 자주 가면서도 업무 스트레스를 줄일 수 있는 방법은 없을까?' 생각하기 시작했습니다. '회사의 젊은 친구들보다 내가 특별히 잘할 수 있는 일인가?' 하고 고민하다가 퇴사를 하고 개인 사업을 시작했어요. 그 후로 10년간 해외 브랜드를 직접 유통했고 결과도 만족스러웠습니다. 무엇보다 내가 좋아하는 미술관들을 마음껏 다닐 수 있었어요.

저는 어릴 때 미술을 전공하고 싶었습니다. 그런데 여러 가지 상황이 맞지 않아 경영학을 선택하게 되었죠. 한국의 교육 현실이기도 한데, 일단 전공을 선택하면 중간에 바꾸거나 다른 일을 할 수 있는 계기를 만들기가 쉽지 않잖아요. 돌이켜보니, 그나마 꿈과 가까웠던 일이 패션 분야라 자연스럽게 그 길을 선택한 것 같습니다. 그런데 일을 계속할수록, 사람들을 많이 만나는 일이 제 성향에 맞지 않는다는 것을 느끼기 시작했어요. 좋아하는 일을 잘하기 위해 많은 사람들을 만났지만, 정작 저는 내향적인 사람이었던 것이죠.

그걸 알게 된 계기가 코로나19였습니다. 사람들과의 만남이 소원해졌지만 전혀 아쉽지가 않았어요. 그 시기에 나이 쉰을 맞이하게 되었는데, 앞으로 나는 어떻게 살아야 할지 또다시 고민이 되기 시작했습니다. '지금부터 무엇을 하면 좋을까? 하고 싶은 일만 하고, 하기 싫은 일은 하지 말자. 나이와 상관없이 의미 있고 만족스러운 일을 하자.' 그런 생각을 하면서 많은 일들을 과감하게 가지치기하고 몇 가지만 남겼습니다. 분재, 종교, 해외여행. 이 세 가지였는데, 그중 여행은 저의 오랜 관심사와 직접적으로 맞닿은 일이었죠. 역사와 문화를 좋아하니 미술관 탐험은 끝이 없었고, 더 보고 싶으니 공부를 더 열심히 했습니다. 3년간 온·오프라인 강의를 섭렵하면서 그동안 방문했던 미술관 이야기를 저만의 시각으로 풀어 글을 쓰기 시작했습니다. 비전공자이지만 전공자만큼 독학해서 새로운 결과물을 만들어보자. 내가 어느 정도까지 나의 경험을 기록으로 남길 수 있을지 새롭게 도전해보고 싶었습니다. 내가 쓴 글을 지인들에게 보여주니 출간을 권하더군요. 그래서 출판사 몇 군데를 섭외하기 시작했는데, 그중 한 곳에서 연락이 왔습니다. 올해 출간을 목표로 매일 글을 쓰고 있어요.

저는 적성을 찾아 평생 돌고 돌았습니다. 미술을 전공했어야 하는데 그러지 못한 아쉬움이 늘 남아 있었어요. 취미로 그림을 그려보곤 했지만 좋은 그림을 보면 볼수록 제 실력은 너무 초라하게 느껴졌어요. 그런데 그림을 보는 안목이나 새로운 작가를 발견하는 재능이 있다는 것을 알게 되었습니다. 어릴 때 해외에 있었던 경험은 분명 지금까지의 제 커리어에 기반을 만들어주었습니다. 새로운 곳에 가거나 새로운 일을 하는 데 겁이 없었고 뭐든지 물어보고 알아보면 되었죠. 그런 성향이 패션 관련 일을 할 때뿐만 아니라, 미술관을 찾아다니고 글을 쓰는 일에도 도움이 됩니다.

　이제는 내가 좋아하는 일을 하면서 살고 싶습니다. 어린 시절의 꿈을 찾아 먼 길을 돌아왔으니까요. 50년의 인생을 살면서 내가 전혀 통제할 수 없는 일들을 겪기도 했습니다. '내가 살아온 모든 것을 부정당할 수도 있구나, 믿었던 사람들도 소용없을 때가 있구나.' 그런 생각이 드니, 내일 죽어도 지금 이 순간 내가 온전히 좋아하는 일만 하면서 후회 없이 살고 싶다는 생각이 듭니다. 이제 시작된 전업작가로서의 방향이 어떻게 될지는 모르겠지만, 글을 꾸준히 쓴다는 것은 존재감을 느낄 수 있는 소중한 경험입니다. 살아서 무엇인가 하고 있다는 흔적이라고 할까요? 앞으로도 그게 무엇이든, 어린 시절에 꿈꾸었던 방향을 향해 서 있지 않을까 합니다.

역량 키워드 #좋은 안목 #아이디어
성향 키워드 #호기심 많은 #상상력이 넘치는 #끈기 있는

뉴업 5. 게임 체인저

게임 체인저 Game Changer

혁신적인 아이디어로 기존 시장에 새로운 질서를 만들어내는 타고난 사업가 기질을 가진 사람

역량 키워드

#재해석 #몰입·몰두 #인맥·네트워킹

성향 키워드

#혁신적인 #독창적인 #급진적인 #체계적인 #통찰력 있는
#미래지향적인 #모험심이 강한 #야심 있는 #결단력 있는
#변화를 잘 받아들이는 #전략적인

작은 아이디어가 유니콘을 만든다

"저는 지금까지도 스타트업의 정의가 무엇인지 잘 모릅니다. 많은 사람들이 '스타트업 신scene'은 무엇이고 어떤 환경을 의미하며 누굴 만나서 어떻게 해야 성공할 수 있는지 이야기해요. 스타트업이면 시리즈별로 투자를 받아야 하는 것이 당연하고, 단계별로 이런저런 일들을 해야만 한다, 그러지 않으면 그냥 창업과 다를 바 없다고 그렇게 정리해주더군요. 그런데 저는 그런 것들이 중요하지 않았습니다. 혼자 하다가 둘, 셋이 되고, 함께하는 사람들과 믿음이 쌓이면서 '이 아이디어 될 것 같아요? 안 되면 어떻게 다른 방법을 써볼까요?' 하고 함께 고민하고 나아가는 것. 그 생각을 하는 것만으로도 시간이 부족했습니다. 지금도 매 순간 절박하지만, 조급하지 않으려고 합니다."

기획재정부 시사경제용어 사전에 따르면, '게임 체인저'는 기존 시장에 엄청난 변화를 야기할 정도의 혁신적 아이디어를 가진 사람이나 기업을 가리키는 용어다. 그 대표적인 예로 애플의 창업자 스티브 잡스, 페이스북의 창업자 마크 저커버그, 구글의 창업자 래리 페이지 등이 있다. 그 외에도 전 세계의 수많은 게임 체인저들이 촌각을 다투며 야심 찬 계획을 실행에 옮기고 있다.

'수십 년 직장 생활만 해온 내가 이제와 시장을 뒤흔들 게임 체인저가 된다고?' 세상에 안 될 일도 없겠지마는, 그렇다고 반드시 그렇게 되어야 할 이유도 없다. 아니, 그게 무슨 말인가? 스타트업이라면 당연히 유니콘을 목표로 사업을 해야 하는 것이 아닌가? 그런데 필자의 생각은 조금 다르다. 세상이 놀랄 만큼 대단한 일을 반드시 해내야만 게임 체인저가 될 수 있는 것이 아니다. 그러면 좋겠지만, 아니어도 괜찮다는 말씀. 지금쯤 우리는 의미 있는 인생이란 반드시 타인의 인정을 받아야만 하는 것은 아님을 경험으로 알고 있지 않은가 말이다. 예시로 든 훌륭한 창업자들이 사업 시작 초기부터 현재의 모습을 상상할 수 있었을까? 지금 나의 작은 아이디어가 10년 그리고 20년 후에는 어떤 모습이 될지는 그 누구도 알 수 없다. 그러므로 내 주변의 작은 세계를 바꿀 아이디어를 사업화하기에 결코 늦은 때란 없다. 이것이 게임 체인저로 뉴업하는 길이다.

위 사례는 사실 필자의 이야기이다. 20년 가까이 직장 생활을 했고 '꽤 괜찮은 커리어를 유지해왔다'는 오만함으로 회사를 다니던 그 언젠가부터 월급이란 존재가 무서워지기 시작했다. 언젠가는 끝이 있음을 알지만 당장 놓아버리기엔 두려운 것. 회사라는 안전망 안에서 월급은 높이를 알 수 없는 펜스를 넘어 새로운 도전을 해볼 용기를 뿌리째 꺾어놓기에 충분했다. 필자는 현재의 사업을 시작한 4년 전부터 지금까지도 남들에게 내세울 만큼 대단한 포부를 이야기한 적이 없다. 스타트업이 무엇인지, 어떻게 하면 성공할 수 있을지 몰랐고, 지금도 마찬가지다. 게다가 스타트업이면 꼭 해야만 한다는 일들에 애써 귀를 기울이지도 않았다. 그런데도 게임 체인저라며 나의 이야기를 꺼내놓는 이유는 누구나 알지만 아무도 시도해보지 않은 아이디어를 사업화하는 일이 누구에게든 결코 불가능한 것이 아님을 알려드리기 위해서이다. 그 아이디어는 직장인이라면 누구나 '퇴직 예정자'이지만 미리 준비하지 않는 이 사회의 관성을 바꾸는 것이다. 시간이 다소 오래 걸리더라도 모두가 '퇴직이 기대되는 삶'을 살 수 있게 하는 것이 이 사회에서 이루고 싶은 게임의 룰이다. 그것이 얼마나 큰 시장일지, 아니면 아예 불가능한 시장인지는 어느 누구도 모를 일 아닌가?

"시니어들도 퇴직 후 스타트업 창업을 할 수 있습니다. 하지만 리스크를 크게 느낀다면 권하지는 않아요. 정말 어려운 일입니다. 스타트업을 창업한다는 것은 본인이 주인공이 되어 일주일에 80시간,

100시간 일하고 본인 체력으로 모든 리스크를 받아들여야 하는 일입니다. 그런데 아쉽게도 제가 만난 40대 중반 이상의 중·장년들은 체력이 그만큼 안 돼요. 하지만 직접 창업을 하지는 않더라도 '스타트업 생태계'에서 기여할 수 있습니다. 새로운 영역에서 가치를 발견하고, 더 늦기 전에 본인의 역량을 발휘할 기회를 찾을 수 있다고 생각합니다. 저라면 우선 대학교마다 있는 창업지원센터를 찾아갈 것 같아요. 가서 본인을 세일즈하세요. 100% 자원봉사로 도와주는 것부터 시작하는 방법도 있고요. 또 다른 방법으로는 엔젤투자를 직접 해보는 것도 권합니다. 청년 창업자에게 제일 필요한 게 돈과 네트워크인 만큼 작은 금액이라도 직접 내 시간과 돈을 투자하고 젊은 창업가들을 도와주겠다 결심하면 그다음부터는 스타트업 세상에 기여하는 것입니다."

_스타트업 액셀러레이터 J님

스타트업에 대한 이해도가 높아지면서 직접 사업에 뛰어들진 않더라도 스타트업계에서 활약하는 중·장년층들이 상당수 있다. J님도 재직 당시 사내 벤처 형태로 스타트업과 유사한 성격의 신규 사업을 추진했고 스스로 가장 좋은 타이밍에 퇴사해 스타트업들을 지원하는 역할을 했다. 그 이후 교육 스타트업에서

CSO^{Chief Strategy Officer}로 근무하기도 하고 투자에 직접 참여하기도 하면서 업계 내에서 포지션을 넓혀왔다. 최근 근황으로 드디어 기술 기반 스타트업의 대표이사가 되었다고 알려왔는데, 이처럼 퇴직 후 게임 체인저가 될 수 있는 방법은 반드시 창업에만 있지 않다. 소위 '스타트업 신'을 충분히 이해하고 경험하면서 자신의 인사이트를 공유하기도 하고, 기회가 되면 직접 스타트업을 이끌어갈 수도 있다. 스타트업이 아무리 젊은 세대를 대표하는 조직처럼 보여도 오랜 회사 시스템을 이해하고 있는 중·장년 전문가들도 필요하기 마련이다. 그러니 본인의 경험과 역량을 충분히 발휘할 수 있는 새로운 시장을 발견해나가기 바란다.

게임 체인저의 역량 및 성향

일반적으로 게임 체인저에 어울리는 사람은 남다른 사고방식으로 새로운 아이디어를 만들고 높은 지성과 기발한 상상력으로 남들이 모르는 가능성과 기회를 찾아낸다. 또한 자신이 속한 분야의 경계를 허물고 불가능을 가능의 영역으로 바꾸기 위해 노력하는 끈기를 가졌다. 새로운 경험에 대해서 오픈되어 있고 창조적이고 독창적인 문제해결 능력을 갖고 있기도 하다. 관찰력이 누구보다 뛰어나고 새로운 문제를 끊임없이 찾아내며, 풍부한 상상력과 아이디어로 사업 기회를 찾으려는 성향이면 도전해볼 만하다. 특히, 큰 도전 앞에서도 감정적이지 않고 정서적으로 안정된 성향을 갖고 있으며, 새로운 문제에 부딪혔을 때에도 다양한 방식으로 해결책을 찾아내고자 한다. 세상을 바꿀 아이디어를 실현하기 위해서 미래를 긍정적으로 보고 협상을 성공적으로 이끌 수완도 있으며 자기 객관화에 능한 사람들에게 적합하다고 볼 수 있다.

게임 체인저로서 도전해볼 만한 일들
- 스타트업 창업
- 스타트업계에서 다양한 전문 역량을 발휘하는 역할
- 스타트업 대표 및 경영진으로 취업
- 아이디어 기반 신규 사업
- 신규 사업 추진 및 브랜드 컬래버레이션 등

내가 추구하는 시장의 룰을
스스로 세팅하다

"내가 무엇을 잘하는지 모르겠다면
주변에 물어보세요."

사업 아이템을 찾지 못해 방황하던 경계인에서 스타트업 대표로 뉴업한 S님

2019년 겨울로 접어들 무렵이었습니다. 직장 생활 초부터 알고 지낸 지인에게 만남을 청했습니다. 대기업 부사장을 하던 분이었는데, 당시에 제가 하던 사업을 좀 도와달라고 부탁하려던 참이었어요. 그런데 입이 도통 떨어지지가 않았습니다. 익숙한 인사를 나누자마자 그분이 '내가 며칠 전 회사에서 잘렸어'라는 겁니다. 너무 갑작스러운 일이라 본인도 많이 당혹스럽고 앞으로 어떻게 해야 할지 도통 모르겠다고 담담하게 말하는데, 그 모습이 처연하게 느껴졌습니다. 둘이서 말없이 서촌 한 골목길 노포에서 소머리국밥에 소주를 대낮부터 주거니 받거니 했어요.

이런저런 대화를 이어가던 중 그분이 저에게 퇴직자들을 위한 서비스를 기획해보라는 제안을 하는 겁니다. 왜 그런 제안을 하느냐 되물으니 이렇게 말하더군요. '너는 인적 네트워킹 범위가 굉장히 넓고 추진력이 강해. 내가 보기엔 지금 하고 있는 사업 아이템과도 연관성이 있어. 더군다나 너는 사람들의 이야기를 참 잘 들어주거든. 퇴직을 당하면 어떤 심정인지, 얼마나 억울한지 이야기할 곳이 필요한데, 또 한편 어느 누구에게도 말하고 싶지 않은 양가감정이 들지. 그리고 퇴직 시장은 앞으로 커질 거야.'

순간 머리에서 딸깍! 스위치가 켜지더니, '그래, 지금 당장 사업 아이템을 바꾸자!' 생각했습니다. 사실 다른 옵션이 없었어요. 당시 저는 20년 가까이 직장 생활을 하다가 마흔 중반에 접어들어 개인 사업을 막 시작했습니다. 뭐든 해보려고 안간힘을 쓰는데 잘 안 되었어요. 돌이켜 생각해보면, 잘될 리가 없었습니다. 우선 제가 잘할 수 있는 일이 아니었고 무엇보다 절박하지가 않았어요. 남들에겐 사업을 한다고 보란 듯 떠들어대면서, 언제라도 남이 주는 월급을 찾아 포지션을 옮길 태세였습니다.

그후 6개월, 저는 퇴직 관련 사업 아이템을 구체화하고 창업

멤버들을 모으고 특허와 상표권을 준비하고 법인 설립을 마쳤습니다. 첫 사업과는 달리 막다른 골목에서 할 수 있는 선택은 '넘든지 도망가든지' 둘 중 하나뿐이라고 생각했습니다. 그러니 앞으로 나아갈 힘이 생겼습니다. 혼란스럽고 도무지 앞이 보이지 않을 때는 딱 두 사람에게 조언을 구했습니다. 한 분은 저를 인간적으로 잘 아는 대학 선배, 또 한 분은 사업적인 조언을 구할 스타트업 대표님이었죠. 그러면서 내가 본래 잘하는 일과 앞으로 잘해야만 할 일들을 구체화할 수 있었습니다. 정서적인 안정감을 얻는 데도 큰 도움이 되었습니다.

자신이 무엇을 잘하는지 모르는 사람들이 많습니다. 저도 마찬가지였습니다. 그럴 때는 주변에 물어보세요. 나보다 나의 역량과 강점을 잘 알고 있는 소중한 지인들이 분명 있습니다. 운이 좋게도 저에게는 그런 지인들이 있었고, 저는 그저 현실화했을 뿐입니다. 과거 경력과 이어지는 역량을 찾자면, 경영 컨설턴트로 일하면서 실체가 없는 아이디어를 프레임워크로 구체화하고 논리적으로 설득하는 훈련이 잘되어 있었다는 것입니다. 그리고 기업의 의사결정자들과 커뮤니케이션하는 데 두려움이 없고 이야기를 듣는 것이 편한 성격입니다. 거절에 대한 회복탄력성도 높은 편이에요. '안 되면 다시 해보면 되고, 이 방법 아니면

저 방법으로 해보지 뭐' 하는 마음이 늘 있어요.

지금 4년 차인데, 처음 3년은 기술 기반 솔루션을 개발하고 퇴직 관련 콘텐츠를 매주 만들면서 퇴직 프로그램들을 꾸준히 운영해왔습니다. 스타트업으로서 대단한 미션을 이루기보다는 '가용한 자원 내에서 최선을 다하자'가 모토였습니다. 지난한 여정이었는데, 이제야 시장에서 반응이 생기기 시작합니다. 그만큼 우리나라의 오랜 퇴직 문화가 쉽게 바뀌기 어렵다는 것을 매일 절감하죠. 하지만 반드시 바뀌어갈 것이란 확신이 있어요. 저는 직장 생활을 오래 한 사람이 스타트업도 잘할 수 있다고 생각합니다. 하지만 모두가 '유니콘'을 꿈꿀 필요는 없다고 봐요. 많은 사람들이 좋아하는 게임이 있고 소수의 사람들이 열광하는 게임이 있듯, 자신이 원하는 게임의 룰을 스스로 세팅하면 되지 않을까요? 저는 그 안에서 할 수 있는 일을 하루하루 해내겠습니다.

역량 키워드 #재해석 #인맥·네트워킹
성향 키워드 #통찰력 있는 #모험심이 강한 #변화를 잘 받아들이는

뉴업 6. 가치 투자자

가치 투자자 Value Investor

타인들은 갖지 못하는 안목과 판단력으로 새로운 가치를 발견하고 자신의
아이디어와 인사이트가 더 나은 사회를 위해서 쓰이기를 바라는 사람

역량 키워드

#심미안 #기획력 #정보 수집·공유·활용 #유연성

성향 키워드

#미래지향적인 #결단력 있는 #분석적인 #구조적인 #독려하는
#통찰력 있는 #현실적인 #관찰력이 뛰어난

단기 성과보다 미래 가치에 투자하라

"퇴직을 앞둔 중·장년들에게 하고 싶은 말은 이제는 새로운 가치를 찾으라는 거예요. 우리 사회는 '투자'라고 하면, 주식과 부동산만을 떠올립니다. 불로소득에 가까운 일에 매달려 투자수익률에 일희일비해요. 안타까운 일이죠. 그런데 생각하지도 못한 곳에서 다양한 가치들을 찾을 수 있습니다. 자신이 중요하게 생각하는 대상을 찾아 애정을 갖고 바라보면, 그 안에서 새로운 가치를 찾을 수 있습니다. 그리고 자신의 경험과 지식을 나눌 수 있는 일로 연결할 수 있어요. 사회와 인류를 위해 어떤 가치를 추구할 것인가 진지하게 고민하면 좋겠어요. 저에게는 퇴직이 좋은 계기가 되었다고 생각합니다."

_소비재 기업 퇴직 후 가치 투자자로 뉴업한 ㄴ 님

'투자'의 사전적 의미는 특정한 이득을 얻기 위하여 시간 및 자본을 제공하는 것이다. 조금 더 넓은 의미에서 본다면 '시간의 흐름에 따라 더 큰 가치를 얻기 위해서 현재의 자본을 투입하는 행위'이며, 주로 시간, 돈, 노력 등을 투입하는 것이라고 정의하고 있다. 그런데 우리나라의 많은 사람들이 부동산, 주식, 자녀 교육 이외의 투자 대상을 찾기 어려워하는 것 같다. 조금 안타까운 마음이 들지만 또 한편 그럴 수밖에 없는 이유들에도 깊이 공감한다. 퇴직 후 가치 투자자로 뉴업한다는 것은 보다 넓은 관점에서 매력적인 투자 대상을 찾아가는 여정이라고 볼 수 있다. 그 대상이 직장을 다닐 때는 관심을 둘 여유조차 없었던 일 혹은 대상으로 확대될 수 있다. 이런 질문들을 해보자. 나의 경험과 지식을 사회를 위해 투자할 수 있을까? 혹은 지역적인 범위나 대상을 넓혀 가치 있는 일을 할 수 있을까?

가치 투자자는 자신이 의미를 두고 있는 대상, 행위, 지역의 발전을 위해 다양한 활동을 하는 사람을 말한다. '경영의 신'이라 불리는 교세라의 이나모리 가즈오 회장은 그의 책 《왜 리더인가》에서 재능과 능력에 대한 생각을 이렇게 밝혔다.

"내가 가진 재능과 능력은 결코 나 자신의 소유물이 아니며, 우연히 내게 주어졌을 뿐이다. 내가 맡은 역할을 다른 누군가가 맡더라도 조금도 이상한 일이 아닐뿐더러 오히려 훨씬 더 잘해낼 수 있다. 게다가 나의 능력과 재능 또한 내 것이 아니어도 전혀 상관이 없다. 그렇기에 그 능력과 재능을 자신만을 위해서 쓸 게 아니라 세상을 위해서, 그리고 인류를 위해서 사용하자."

이것이야 말로 그가 오랫동안 리더로서 많은 사람의 존경을 받아온 이유가 아닐까 한다. 많은 퇴직자들이 오랫동안 정서적으로 불안정한 상태를 경험하는 이유 중 하나가 마땅히 내 것이라 생각했던 직위를 박탈당함으로써 발생하는 정신적 충격이다. 그런데 냉정하게 말해 그 자리는 내가 잠시 스쳐갔던 것일 뿐 내 것이 아니었다. 누군가의 자리였던 것을 잠시 빌렸고, 길든 짧든 내 책임과 권한으로 맡겨졌고, 또 다른 누군가에게 돌아갈 뿐이다.

퇴직 후 가치 투자자가 되고자 하는 사람들이 상당히 많다. 외국계 컨설팅회사에서 컨설턴트로 오랜 경력을 쌓았던 P님은 퇴직 후 NGO 활동을 위해 아프리카행을 선택했다. 그가 20대에 가졌던 꿈은 가족을 부양하기 위해 더 이상 큰돈이 들어가지 않는 시점이 오면, 국내외 NGO 활동으로 커리어를 이어가는 것이었다. 컨설턴트로서 축적된 경험, 특히 재무 전문가로서의 이력이 NGO 활동에 현실적인 도움을 줄 수 있을 것이라 생각한 점도 컸다고 한다. 역시나 기금 확보, 재정 관리 등 컨설턴트로서 쌓아온 경험과 인사이트가 그의 새로운 가치와 맞닿아 시너지를 내고 있다.

가치 투자자의 역량 및 성향

가치 투자자는 새로운 아이디어를 발견하는 데 관심이 많다. 사람들이 미처 생각하지 못한 분야에서 발전 가능성을 찾고 장기적인 관점에서 투자를 고려하며 영역에 제한을 두지 않고 관심 영역을 확대해나가는 것을 즐기는 편이다. 또한, 미래의 사업적 가치를 찾아 경제적인 투자를 하거나 투자처를 발굴하는 역할에도 관심이 많다. 가치 투자자는 뛰어난 관찰력, 풍부한 상상력과 아이디어, 분석력과 판단력에 기반하여 타인이 쉽게 발견하지 못하는 새로운 가치를 발견한다. 타인에 대한 신뢰를 바탕으로 타인에게 공감하고 그들의 아이디어를 존중하는 성향을 갖고 있다.

또한 사회적으로 도움이 되는 일에도 관심을 갖는다. 내가 발견한 새로운 아이디어가 사회를 위해서 쓰이기를 바라며, 그것이 나은 사회를 만드는 것은 물론 경제적 가치로 이어지도록 역량을 발휘하는 데 최선을 다한다. 전문 분야가 명확한 사람들은 자신의 전문 역량에 새로운 가치를 더해 사회적으로도 기여할 수 있는 방법을 찾고자 하는 경우가 많다.

가치 투자자가 도전해볼 만한 일들

- 투자조합 결성 및 투자 참여

- 개인 투자자

- 투자자로서 스타트업 발굴 및 지원

- 사회적 기업·NGO 지원 등

결핍을 극복한 경험으로
유망 스타트업들을 발굴하다

"스타트업 육성을 통해 교학상장教學相長을
이루고자 합니다."

호기심 많은 직장인에서 스타트업 투자자로 뉴업한 H님

저는 계획적이지 않은 사람입니다. 사회 생활 시작부터 지금
까지 모든 것이 우연한 계기로 만들어졌다고 해도 과언이 아
닙니다. 미국 회계사 자격증 AICPAAmerican Institute of Certified Public
Accountants를 따려고 공부했지만 적성에 맞는지 아닌지 몰랐습니
다. 그러던 중에 친한 대학 선배로부터 당시 유명한 컴퓨터회사
재무팀에 입사 제안을 받게 되었죠. 자격증 시험에도 도움이 되
겠지 싶어 수락했습니다. 그런데 3년 동안 그 일을 열심히 하고
나니 재미가 없어졌어요. 갇혀 있는 느낌이 들었습니다. 그 선배

는 HR을 하는데 회사 밖에 자주 나가더라고요. 재미있어 보였습니다. 그래서 회사를 옮기면서 HR로 직무를 바꿨습니다. 그런데 이직 후 7~8년 차 되니까 또 지겨워져요. 글로벌 기업의 HR 담당자였는데, 이미 정해진 가이드라인대로만 하면 되었거든요. 창의력이 필요하거나 주도적으로 할 수 있는 일은 없었습니다.

친한 헤드헌터를 통해 한 중견 기업에 입사 면접을 봤습니다. 실무진 면접까지 분위기가 너무 좋아 합격할 줄 알았거든요. 그런데 부사장 면접에서 탈락했습니다. 그 순간 정신이 번쩍 들었어요. 그분은 저의 역량이 그 포지션에 턱없이 부족하다는 것을 꿰뚫어본 거죠. 그 후에는 사업에 대한 전반적인 이해를 높일 수 있는 다양한 업무를 주도적으로 할 수 있는 일들을 찾았습니다. 30여 명 규모의 게임 스타트업에 합류했어요. 비전이 명확했고 대규모 글로벌 투자 유치도 이루어냈던 회사였습니다. 전략 기획과 HR 업무를 전담하고 대표이사를 보좌했습니다. 다양한 구성원들과 소통할 기회도 많아지면서 기업 운영에 대한 이해가 높아졌어요. 그런데 상황이 여의치 않아 몇 년 후 사업 정리를 도맡았고 총괄 책임을 지고 퇴사하게 되었습니다. 그 과정에서 경영 마인드를 많이 배울 수 있었습니다.

직장 생활 15년 차가 되면서 어차피 회사의 구성원으로는 평생 살아남을 수 없다는 생각이 들었습니다. 그 후 가족기업 설립을 준비하기도 하고 지인 회사에서 CSO 역할을 맡기도 했습니다. 그 여정이 모두 계획했다기보다 우연히 이루어졌습니다. 그러면서 점점 스타트업 현장에 가까워졌죠. IT 기반 스타트업에서 경영진을 하거나 직접 지분 투자에 참여하기도 하고 다양한 정부과제 프로젝트에도 참여하면서 많은 스타트업들을 만나게 되었어요.

그렇게 체득한 경험을 통해 지금은 한 투자자문기관에서 정부기관과 스타트업 육성 프로그램을 전담하고 있습니다. 저는 새로운 일을 하는 데 두려움이 없는 편이고 일단 시도해봅니다. 그런 마인드가 직장 생활에서도 적절하게 위기관리를 해왔던 비결이었고, 스타트업을 발굴하고 육성하는 현재의 일에도 그대로 녹아 있다고 생각합니다.

저는 '좋은 어른'이 되고 싶습니다. 지금까지 큰 욕심 내지 않고 부드러운 언어를 사용하며 관계 중심적인 사회 활동을 해온 것이 과거의 커리어뿐만 아니라 가능성 있는 스타트업을 발굴하는 현재의 일에도 큰 도움이 됩니다. 앞으로도 저의 경험이 이제 막 커나가는 기업들에게 도움이 된다면 기꺼이 나설 생각입니다. 그리고 뜻이 맞는 사람들과 초기 투자가 필요한 스타트업을 발굴하고 전문성과 노하우를 공유하는 일을 이어가면서 교학상장, 배우고 가르치면서 서로가 성장하는 일을 계속할 예정입니다.

역량 키워드 #심미안 #유연성
성향 키워드 #미래지향적인 #독려하는 #통찰력 있는

뉴업 7. 자아 탐험가

자아 탐험가 Adventure Seeker

내 안의 나를 찾아 자신이 추구하는 바를 꾸준히 실천하고 변화를 긍정적으로 수용하며 인적 네트워크를 통한 연결 및 사회적 지원 활동을 통해 삶의 방향을 창조적으로 만들어가는 사람

역량 키워드

#독립성 #성실성 #긍정적 사고 #자기 확신 #창의력

성향 키워드

#긍정적인 #자기 주장이 강한 #강박적인 #충동적인

#탐색을 즐기는 #자유로운 #호기심이 많은 #다방면에 관심이 많은

나와 세상에 대한 끊임없는 호기심

"여기, 제 명함입니다."

S그룹 경영진으로 퇴임한 H님이 건넨 명함 앞면에 'Wings of Freedom'이라고 씌어 있었다. 세련된 핑크로 심플하게 디자인된 명함 뒷면에는 이름, 전화번호, 이메일뿐이었다.

'아니, 이런 신선한 콘셉트의 명함이라니!'

새 명함에 담긴 의미가 몹시 궁금했다.

"직함이 없는데, 어떻게 불러드리면 될까요?"

"친구죠, 친구!"

30여 년간의 직장 생활 동안 많은 조직 구성원의 롤 모델로 소임을 다한 H님은 자신을 '자유의 날개'라 소개했다. 대기업 부사장으로 퇴임한 후 '경영 고문'이라는 멀쩡한 직함을 두고 개인 명함을 만든 데에는 분명 이유가 있었을 것이다. 명함을 건네받던 짧은 순간이 유쾌한 사진 한 장처럼 마음속에 남았다.

《뉴타입의 시대》와 《어떻게 나의 일을 찾을 것인가》의 저자 야마구치 슈山口周는 17세기 철학자 스피노자의 코나투스conatus와 에이도스eidos의 개념을 현시대에 적용하여 설명한다. 코나투스는 '본래의 자신다운 자신으로 있으려는 힘'이다. 이에 대응하는 용어로 에이도스는 '자신의 외모나 지위 등의 형상'을 의미한다. 에이도스에만 치중한 자기 인식은 코나투스를 훼손해 '진정한 나 자신'으로 살아가기 어렵게 하는데, '더 나은 명함'을 갖기 위해 끊임없이 노력하는 우리 사회에 시사하는 바가 크다.

흔히 퇴직 후 '다 내려놓았다'는 표현을 많이 쓴다. 특히 사회적으로 성공한 사람들이 퇴직 후에 잃어버린 지위에 대한 욕심을 버리고 다소 낮은 연봉을 감수하며 현실적인 타협을 한다는 의미로 사용하는 경우가 많다. 여전히 에이도스에 근거한 삶을 살겠다는 의미다. 어쩌면 여태 한 번도 나 자신을 찾는 방법을 생각해본 적이 없기에 명함으로 상징되던 사회적 역할이 사라진 후 어떻게 살아야 할지 오히려 혼란스러운 상태일 수도 있다. 그러나 '내려놓는다'의 의미는 지금까지 한 번도 헤보지 않은, 진정한 나 자신, 코나투스를 찾는 여정이 시작되었음을 자각하는 것이어야 하며, 원하든 원하지 않았든 당면한 퇴직이 적기가 될 수 있다.

자아 탐험가를 뉴업으로 추구하기는 쉽지가 않다. 앞서 설명한 그래프(144쪽)에서 보듯, 직급과 상관없이 자아 탐험가에 적합한 사람의 비중은 5% 남짓에 불과하다. 다른 뉴업 옵션들이 경제적인 수익에 대한 목표도 함께 추구하는 대신에, 자아 탐험가는 비교적 그 문제에서 자유로울 때 가능한 옵션이다. 오늘날 대한민국 사회에서 '나를 찾는 일'은 경제적인 걸림돌 때문에 추구하기 쉽지 않은 것이 현실이다. 그럼에도 불구하고 퇴직 후 경제적인 여건이 허락되는 시간 동안만이라도 다양한 활동을 하면서 지금까지 잊고 지냈던 나 자신에 대해 깊이 생각해볼 수 있는 기회를 찾을 수 있다.

자아 탐험가의 역량 및 성향

자아 탐험가는 나의 감정, 나의 취미, 내가 즐거워하는 일, 내가 사랑하는 것들, 내가 사랑하는 공간 등 내 안의 나를 꾸준히 찾아가는 사람들에게 잘 어울린다. 퇴직 후 잊고 지낸 일들을 자유롭게 경험하고 관심 분야를 넓혀가며 지속적으로 탐구해간다. 이 유형은 인문학, 철학, 예술 등 전통적인 가치를 탐구하고자 하는 니즈가 클 뿐만 아니라 유행하는 현상이나 최신 정보 등에도 관심이 많고 끊임없는 호기심으로 학습 욕구를 채워간다. 자아 탐험가는 자신을 이해할 수 있는 분야를 찾아가는 일을 즐기고 주변 사람들에게도 함께 해보자고 권하는 역할을 한다.

또한 풍부한 상상력과 아이디어, 한 번 시작한 관심사를 준전문가 수준으로 탐구하는 역량도 갖고 있다. 변화를 긍정적으로 수용하고 어떻게 살아갈지에 대한 창조적 고민을 계속해나간다. 이 유형은 나와 타인에 대한 끊임없는 호기심으로 매일이 즐겁고, 지금 당장 할 수 있는 일을 해나가면서 다양한 기회를 찾아가겠다는 여유로움도 있다. 자아실현! 그야말로 이 유형에 가장 잘 어울리는 단어다. 새로운 일에 대한 탐구 의지와 지적 욕구로 학습 의지를 불태우며 어떤 도전이라도 '바로, 지금, 당장!' 해보는 데서 즐거움을 느낀다. 이 유형은 남들이 보기에는 관련성이 없는 일들의 연관성을 누구보다 잘 파악할 수 있다. 경력의 이동이나 새로운 영역의 일에도 주저 없이 도전할 수 있는 마인드를 가졌다. 다양한 관심사로 만들어진 든든한 인적 역량을 기반으로 타인을 돕는 일에도 적극적이다.

자아 탐험가, 퇴직 이후 삶의 방향으로 이보다 여유로운 옵션이 있을까 싶다. 중장기적으로는 탐험의 대상을 확장하여 타인과 사회에 기여할 수 있다면 그보다 더 좋을 수는 없을 것이다. 퇴직 후 원하는 만큼 새로운 나를 찾아갈 여유가 있다면 정말 좋겠지만, 다만 몇 달에서 몇 주만이라도 자아 탐험가로서 새로운 삶의 방향을 찾아갈 기회가 모든 퇴직자들에게 있길 바란다.

자아 탐험가로서 도전해볼 만한 일들

- 편안하게 학습을 누리는 평생 학습자
- 인적 네트워크를 통한 연결 및 사회적 지원 등

익숙한 일과 새로운 일의 균형점에서 나를 찾아가다

"가볍게, 너그럽게, 천천히
나를 찾아갑니다."

대기업 인사 총괄 담당자에서 청소년 인성 교육자로 뉴업한 S님

저는 대기업 인사 업무를 오랫동안 수행했습니다. 평생 인사 업무만 했다고 해도 과언이 아니죠. 그런데 제가 총괄하던 시기에 회사 매각이나 합병이 여러 번 있었습니다. 어쩔 수 없이 직원들을 제 손으로 많이 내보냈어요. 나가는 직원들도 마찬가지겠지만, 그 경험들이 저에게도 트라우마처럼 남더군요. 그래서 언젠가 회사를 그만둔다면 같은 일은 절대 하지 않겠다고, '이제 사람한테 못된 짓은 하지 않겠다'는 다짐을 했습니다.

퇴직 후 일주일 만에 집을 나섰어요. '전국을 내 발로 걷겠다'

는 마음을 실행에 옮겼습니다. 걷다보면 여유를 갖게 될 것이고, 퇴직 이후의 삶을 차근차근 준비할 수 있으리라는 막연한 생각이 들었습니다. 마음을 비우고 회사 다닐 때의 생각을 지운다는 것이 처음에는 정말 쉽지가 않았습니다. 앉아 있을 때는 더 힘이 들더군요. 그래서 걸었던 것입니다. 젊은 후배들을 찾아서 이것저것 많이 물어보기도 했는데, 그즈음 막연하게 '사람들의 인성에 도움이 되는 일이 있을까?' 하는 생각이 들었습니다. 재직 중 언제인가 안면이 없는 현장 직원이 저에게 메일을 보낸 적이 있었어요. 어려운 가정사를 이야기하면서 '너무 힘들다. 어떻게 하면 좋겠느냐?' 물어왔습니다. 그대로 두었다가는 위험한 상황이 생길 수도 있을 것 같아 각별히 챙겼습니다. 그 일 이후로 사람들을 도와야겠다는 마음이 들었습니다. 그 직원은 요즘도 매일 아침 저에게 문자로 안부를 물어요.

퇴직 이후를 막연히 구상하던 중에 우연한 기회로 안동 도산서원 원장님을 뵙게 되었습니다. 공직에 오래 계셨던 분이었는데, 퇴임 후에는 줄곧 청소년들의 인성 교육에 천착하셨습니다. 그때 '아, 나도 저런 모습이어도 괜찮겠구나' 생각했죠. 그걸 계기로 지금은 청소년들의 인성 교육을 위한 강의를 일주일에 두세 번 꾸준히 하고 있습니다. 회사에서 강의를 해본 적은 있지만, 어린 학생들에게 인성을 가르치는 일이 처음에는 쉽지가 않았고 여전히 낯섭니다. 그런데 준비하는 과정도 재미있지만 아이들의 순수한 호기심을 배울 수 있어서 정말 좋습니다. 제가 가르치기만 하는 것이 아니라, 어린아이들로부터 배우는 것이 많아요. 중고생 청소년들이 마냥 철부지 같지만, 오히려 더 어른스러운 면도 있습니다. 저는 강의 시작할 때 '경험'이란 것을 화두로 던지곤 하는데요, '얘들아, 경험이란 것이 좋기도 하고 안 좋기도 해. 경험이 많으면 다른 것을 새롭게 볼 수가 없단다'라는 말을 해주곤 해요. 학생들에게 인성을 가르친다고 생각하기보다, 그저 물방울 하나 떨어뜨린다는 마음으로 하고 있습니다. 이런 과정이 저를 돌아보게 합니다.

아무래도 회사에서 오랫동안 '사람'과 관련된 일ㅈ을 했으니, 지금 하고 있는 일에 도움이 되는 면이 있겠죠. 다만, 그 방향이 퇴직 후에는 조금 더 긍정적인 면으로, 그리고 어린 학생들에게 향한다는 것이 다를 뿐이지요. 저의 지금 목표는 강의마다 아이들의 눈높이에 맞추어 자료들을 잘 만들고 강의도 잘해내는 것입니다. 그리고 이 일은 70살이 되어도 제가 건강하기만 하면 할 수가 있습니다. 돈을 꼭 많이 벌지는 않아도 누군가를 위해 내 경험을 나누고 상대로부터 자극을 받으면서 사회에 쓸모 있는 사람이 되고 싶습니다. 그 일이 재정적으로 넉넉함을 보장해 주지는 않으니 적극적으로 권유할 수는 없겠지만, 퇴직 후 자신을 새롭게 되돌아볼 수 있는 좋은 기회가 됩니다. 강의를 마치고 집에 돌아와 아내에게, '내가 큰돈은 못 벌어도 같이 짜장면 사먹고 커피도 마실 수 있잖아요. 경조금도 낼 수 있고요'라고 이야기해요. 그걸로 의미가 있다고 생각합니다. 세상에는 돈을 대신할 수 있는 가치들이 많습니다. 각자 자신이 중요하게 생각하는 가치를 찾아가는 과정이 결국은 나를 찾아가는 여정이 아닐까 생각합니다. 가볍게, 너그럽게, 천천히 생각하면서 살아가는 삶이 저의 목표입니다.

역량 키워드 #독립성 #긍정적 사고
성향 키워드 #탐색을 즐기는 #호기심 많은 #다방면에 관심이 많은

4장
뉴업의 실행: 4단계 전략

현직에서 시작하는 4단계 뉴업 전략

리:플랫Re:PLAT **퇴직준비 셋업 가이드라인**

"그렇지요. 그러고 보면 신입사원이 대리가 되는 것도 3년, 과장을 다는 것도 평균 3년이 걸리네요. 하물며 완전히 새롭게 펼쳐질 30년의 인생 앞에서 3년 정도는 꾸준히 노력해야 하지 않을까 싶습니다. 저도 퇴직할 땐 그걸 몰랐습니다. 막연했고 무작정 쉬자는 마음도 있었어요. 하지만 초심으로 돌아가니 저에게 맞는 역할을 찾을 수 있었습니다."

_A그룹 에너지 계열사 부사장 퇴직자 M님

퇴직 이후의 새로운 역할인 뉴업에 안착하기까지 얼마나 걸릴까? 개인마다 천차만별이지만 뉴업에 성공한 사람들의 경험을 보면 최소 3년의 투자 기간을 거쳤다. 결코 짧지 않게 느껴지는 시간이지만 그렇다고 무작정 길기만 한 시간도 아니다. 퇴직 후 30년을 위한 안정적인 일거리, 놀거리, 생각할 거리들의 균형을 만들어가는 일이 어찌 간단하겠는가? 누구나 자신의 퇴직 시점을 예측하기란 어렵다. 평범한 직장인이라면 그 순간을 상상조차 하고 싶지 않을지도 모른다. 퇴직은 여전히 멀게만 느껴지고 당분간은 이 회사에서 그럭저럭 살아남을 것도 같다. 이것이 대한민국 4050세대의 공통된 심리다. 마치 언젠가 죽을 것을 알면서 죽음을 준비하지 않듯, 한 번은 퇴직할 줄 알면서도 눈앞의 업무에 몰두한다. 그렇다면 이 질문을 스스로에게 해보자.

'나는 3년 후에도 지금의 포지션을 유지할 수 있을까?'

이 질문에 대한 정답은 누구나 알고 있을 것이다. 그러니 현재의 내 역량을 미래의 가능성으로 이어갈 수 있는 관심 있는 일거리, 놀거리, 생각할 거리들을 찾아 나서자. 이 세 가지는 퇴직 후 나에게 꼭 맞는 뉴업 방향을 알려주는 가이드가 될 것이다. 지금 필요한 것은 인생의 거창한 목표가 아니라 새로운 루틴을 미리 구상하는 일이다.

퇴직준비의 긴 여정은 단계별로 추진되어야 한다. 그 구체화된 실천 방안이 바로 '리:플랫 퇴직준비 셋업 가이드라인'이다. 리:플랫은 퇴직 후 목표를 계획하고, 새롭게 배우며, 실행으로 구체화하여, 마침내 변신에 성공하는 4단계 여정을 말한다.

(1) 계획Plan: 취향의 발견, 나의 정체성을 재발견하는 새로운 여정

(2) 학습Learn: 앞선 경험을 통해 배우는 지혜, 롤 모델을 찾아라

(3) 실천Act: 루틴을 만드는 힘, 액션 플랜을 구상하라

(4) 변신Transform: 작은 성공으로 만들어가는 성장의 방향

스스로 퇴직을 예상하는 시기의 3년 전, 1년 전, 6개월 전, 6개월 내에 이르는 4단계에 따라 차근차근 뉴업을 이루는 나만의 방법을 찾자. 리:플랫 프레임워크는 퇴직준비를 하는 직장인들뿐만 아니라 이미 퇴직하여 새로운 삶의 방향성을 찾는 퇴직자들에게도 유용한 가이드가 될 것이다.

자, 그렇다면 어떻게 시작하면 좋을까? 오늘도 출근하는 당신이라면 지금 당장 2장으로 돌아가 '현직에서 시작하는 4단계 워밍업'에서 자신의 퇴직준비도를 진단하라. '노비스-갤러리-부킹-티업' 중 어떤 단계에 있는가? 모든 단계가 중요하지만, 특히

노비스 단계에 있다면 마음을 단단히 먹어야 한다. 자신의 퇴직 준비 수준을 명확하게 인식했다면 다음 단계로 나아갈 수 있도록 액션 플랜을 세워보자. 회사 일에 충실하면서도 퇴직 이후를 설계할 수 있다. 퇴직 이후의 삶을 차근차근 구상하고 실행할수록 현재 맡겨진 업무에도 더욱 집중할 수 있다는 것을 기억하자. 플랜 B가 있는 사람은 모두에게 너그럽고 자신을 위해서도 더 나은 선택을 하게 된다. 막다른 골목에서 권고사직당한 사람의 조급함과 퇴직 이후의 삶을 꾸준히 구상하고 실행한 사람의 여유로움은 차원이 다르다.

이미 퇴직 통보를 받았거나, 퇴직한 상태로 상당한 시간이 흘렀는가? 걱정할 필요 없다. 언제든 '지금'이 가장 빠르다. 지금부터 3년을 목표로 퇴직준비를 시작하면 된다. 역시 2장 '퇴직 후 반드시 겪는 4단계 성장통'에서 퇴직준비도를 진단해보자. 나의 상태를 담담하게 받아들이고 지금 시작할 수 있는 퇴직준비에 몰두하자. 4장 '뉴업의 실행'은 오늘도 매일 출근하는 직장인들뿐만 아니라 퇴직을 경험한 후 새로운 역할을 모색 중인 퇴직자들에게도 분명 의미 있는 퇴직준비 방법을 알려줄 것이다.

절박함, 뉴업으로 이끄는 힘

"갑작스러운 퇴직 과정에서 10년간 이 회사에 몸담은 시간도 되돌아보게 되었습니다. '내가 왜 여기가 마지막 회사라고 생각했지? 왜 정년까지 무난하게 잘나갈 수 있을 거라 생각했지?' 그런 생각이 들었습니다. 만약 그 안에서 미래를 구상했더라면 퇴직한 후에도 더 빨리 적응했을 것이고, 어쩌면 그때 퇴직하지 않고 그때보다 더 나은 포지션을 유지할 수도 있었을 것이란 생각도 하게 되더군요."

_M그룹 건설사 전무 퇴직자 Y님

월급이 따박따박 들어올 때 퇴직준비를 시작해야 한다. 월급이 끊어지면 지갑이 닫히고, 지갑이 닫히면 새로운 미래를 구상할 마음을 먹지 못한다. 임원이라고 안심해서도 안 된다. 임원으로 승진한 순간, 냉정하게 나는 후년을 기약하지 못할 '예정된 퇴직자'임을 알아야 한다. 승신의 기쁨이 채 가시지도 않았는데 퇴직을 구상하라니! 납득하기 어렵겠지만, 그때가 적기다. 그래야 지금의 무거운 책임감에 매달리지 않고 업무에서도 좋은 의사결정을 할 수가 있다. 위에서 언급한 사례가 대기업 임원이라서 나와는 먼 이야기처럼 여겨질 수도 있다. 하지만 대기업 임원들만큼 하루아침에 역할을 잃어버리는 사람들도 드물다. 대기업 임원이면 퇴직 이후에도 남부럽지 않은 생활을 이어갈 거라고 생각하지만 현실은 그렇지 않다. 세대 교체, 인력 쇄신 등 기업들이 경영 환경 변화에 맞는 다양한 전략을 시도하면서 임원 재직 기간이 점차 짧아지는 현상이 두드러지고 있다. 그래서 퇴직 후 '아무것도 하지 않아도 될 만큼' 경제적으로 넉넉한 사람은 생각보다 많지 않다. 퇴직을 하게 된 사연이 저마다 다를 뿐 퇴직자들이 경험하는 퇴직 공포는 직급을 막론한다.

그런데 문제는 현직에 있을 때 퇴직준비의 절박함을 느끼기가 쉽지 않다는 것이다. 당장 익숙한 회사 일에 우선순위를 두면서 퇴직준비를 차일피일 미루다가 결국은 갑작스럽게 퇴직하게 된다. 하지만 40대 중반 이후의 퇴직은 더 이상 예상치 못할 일이 아니다. 월급쟁이 퇴직자들의 퇴직 후 라이프스타일은 크게 다르지 않은데, 몇 차례 재취업 문을 두드려보지만 마음 같지 않은 상황이 이어진다. 그러다가 심사숙고 끝에 모아둔 예금과 퇴직금으로 창업이나 자영업을 시작해보려고 한다. 하지만 경험이 전무한 분야에서 '실패해선 안 된다'는 절박한 각오는 오히려 두려움과 불안의 기폭제가 된다.

신입사원에서 대리가 되었을 때를 기억하는가? 새로운 업무를 맡았을 때 느꼈던 책임감과 부담감 그리고 잘해내겠다고 다짐했던 그 순간들을 기억해보자. 큰 도전으로 여겨졌던 일이 익숙해지고 크고 작은 성과로 돌아오기까지 적어도 3년은 걸리지 않았던가? 우리는 회사에서 겪는 배움의 시간과 시행착오는 당연하게 생각하면서 퇴직 이후의 인생을 위한 투자에는 매우 인색하다. 물론 재직 중에는 월급으로 보상받았으니 어떤 스트레스도 감당할 만했을 것이다. 그런데 퇴직 후에는 월급은커녕 소득이 보장되지 않는 상황에서 최소 몇 년을 견뎌야 한다. 생각만 해도 마음이 무겁다. 그래서 더 절박하게 회사에서 버틸 방법만 생각하는지도 모르겠다. 월급은 놓고 싶지 않고 퇴직준비는 미리 하지 않으며 퇴직 후에는 무엇을 하든 금세 성공하길 바란다. 그러나 퇴직 후의 현실은 무엇을 상상하든 그보다 혹독할 것이다. 그러니 무조건 현직에서 고민을 시작하라. 든든한 버팀목 같았던 회사라는 배경이 사라진 후 광야에 들풀 같은 존재가 될 그날을 상상해보자. 자, 이제 4단계 실행 가이드를 따라 인생에서 가장 중요한 3년간의 프로젝트를 시작해보자.

Plan: 취향을 발견하라

계획Plan

취향의 발견, 나의 정체성을 재발견하는 새로운 여정

목표 달성 시기

현직자 – 퇴직 예상 시기 3년 전

퇴직자 – 퇴직 후 6개월 이내

'나는 무엇을 좋아하는 사람인가?'

얼핏 단순한 질문 같지만 답하기 여간 어려운 질문이 아니다. 자신의 취향을 잘 아는 사람들이 의외로 많지가 않다. 대한민국 4050세대 직장인의 삶에서 취향이란 스스로 찾기도, 남에게 알리기도, 꾸준히 지켜내기도 어려운 존재이지 않은가? 취향을 찾으려는 열망 뒤에는 언제나 '바쁜 업무'가 핑계처럼 도사리고 있었다. 취향을 잃은 세대, 이것이 대한민국 평범한 중·장년 직장인의 모습이다. 그런데 퇴직 후의 새로운 가능성이 취향을 찾는 것에서 시작되어야 한다니 막막할 따름이다. 프랑스 정신의학자 자크 라캉Jacques Lacan의 말처럼, 우리는 지금까지 '타자의 욕망을 욕망'하는 직장인의 삶에 충실했다. 다시 말해, 내가 원하는 삶을 살기보다, 부모가, 상사가 그리고 사회가 바라는 내가 되기 위해 애써온 것이다. 그 삶에서 벗어나 온전히 독립적인 삶을 살기 위해서는 무엇보다 나는 어떤 사람인지, 무엇을 좋아하고 싫어하는 사람인지를 알아야 한다. 뉴업을 찾기 위한 취향의 발견은 소유하고 싶은 물건이나 스타일에 대한 단순한 선호가 아니다. 지금의 나를 형성한 배경, 관계, 자아 등과 같이 보다 근원적인 가치관 혹은 나의 정체성과 관련된 문제다.

2장에서 설명한 퇴직 후 삶의 균형을 위한 세 가지 준비물, 즉

'일거리, 놀거리, 생각할 거리'들을 찾았는가? 적어보았는가? 향후 3년간 어떻게 찾아갈 것인지, 시기별로 어떻게 균형을 맞출지 구상해보았는가? 퇴직준비의 1단계, 취향 찾기의 시작은 이 세 가지에 대한 이해로부터 시작되어야 한다. 나에게 꼭 맞는 새로운 역할, 즉 뉴업의 방향이 일거리, 놀거리, 생각할 거리들과 결을 같이하기 때문이다. 그러므로 퇴직 이후에 펼쳐질 인생을 위해서는 내 주변의 다양한 '거리'들을 찾아내는 것이 중요하다.

〈Plan: 취향을 발견하라〉 단계의 아래 다섯 가지 실행 가이드를 살펴보자.

어릴 적 꿈 소환하기

어린 시절, 당신은 어떤 꿈을 꾸었는가? 그 꿈은 지금의 나와 얼마나 닮았는가? 그 꿈들을 다시 데려오자. 뉴업은 나의 오랜 꿈을 회상하는 일에서 시작될 수 있다. 누구나 무엇이 되고 싶은 시절이 있었을 것이다. 그리고 그 꿈을 이루었거나, 잊었거나, 버렸거나, 잠시 미루어두었을 것이다. 퇴직 후를 위해 어릴 적 꿈을 다시 생각해내는 일은 나의 본연의 모습으로 돌아가 나는 정말 어떤 사람으로 살고 싶은가에 대한 해답을 준다. 그 꿈에서 나의 취향을 새롭게 찾고 다듬는 과정을 통해 퇴직 이후의 일상을 만들어갈 수 있다. 지금은 그 꿈과 완전히 다른 삶을 살고 있다고 생각할 수도 있지만, 분명 지금의 내 모습에서 그 꿈과 연계된 현실적인 솔루션을 찾을 수 있다.

퇴직 시기 예측하기

'퇴직 시기를 어떻게 예측하지…?'

그런 의문이 드는 것이 당연하다. 하지만 지금 당신의 마음속에는 이미 대답이 있을 것이다. 주변을 둘러보자. 우리 회사의 선배 퇴직자들이 언제 어떤 상황에서 퇴직했는지는 조금만 관심을 기울여도 파악할 수 있다. 어떤 회사에서는 비교적 안정적으로 정년퇴직할 수도 있고, 또 이떤 회사에서는 시도 때도 없이 희망퇴직과 권고사직의 칼바람이 불어댈 수도 있다. 그렇다. 지금 머릿속에 어렴풋이 그려지는 그때가 당신의 퇴직 시기이다. 퇴직을 현실로 받아들이고 싶지 않아서 생각해보지 않는 것이다.

아울러 회사의 인사 정책 및 제도를 관심 있게 살펴보자. 회사 내에 지원 프로그램들이 있을 수 있다. 혹시나 인사팀에 내가 퇴직준비를 하는 것이 '들킬까' 우려될 수 있겠지만, 지금 무엇이 더 중요한지 파악해야 한다. 회사의 경영 성과, 정책 및 제도, 조직문화, 퇴직과 관련한 관례, 정년퇴직자 비율, 희망퇴직 빈도 및 인원 수 등을 파악하면 회사와의 이별 시점을 예측하는 것이 그다지 어렵지 않을 것이다. 더군다나 재취업지원서비스를 의무적으로 시행해야 하는 기업들도 상당수 있다. 퇴직을 예측하는 시기가 대략 3년 정도 남았을 때가 퇴직의 방향성을 그려가기 좋은 때다. 더 길면 아무것도 하지 않을 가능성이 크고, 짧으면 준비를 위한 시간이 부족하다. 퇴직 시기를 냉정하게 판단하라.

현재의 포지션 냉정하게 파악하기

'나는 회사에서 인정받고 있는가? 내 포지션은 안전한가? 나의 전문 영역은 미래에도 성장 가능한 분야인가?'

퇴직을 3년 정도 남겨두었다면, 이러한 질문들에 대답해볼 필요가 있다. 자신의 경쟁력을 객관적인 입장에서 살펴본다는 것은 때로는 등골이 서늘한 일일 것이다. 하지만 그 순간을 냉정하게 파악해야 나아갈 방향도 정할 수 있다. 오랜 회사 생활이 지겨워 견디기 힘들기도 하지만, 생활을 유지하기 위해 하루하루 버틸 수밖에 없는 일상. 그런 나에게 '경쟁력'을 살펴보라니, 서글픈 마음도 들 것이다. 하지만 가장 냉정하게 자신의 포지션을 점검해야 할 시기다. 그래야 회사 내에서 더 높은 포지션으로 성장할 가능성이 있는지, 또 한 번의 이직 가능성을 기대할 수 있는지, 아니면 완전히 새로운 영역에서 기회를 찾아야 할지 구상할 수 있다.

다시 말해, 지금의 역량을 기반으로 커리어 밸류업Career Value-UP(業)할 기회를 찾을 것인지, 아니면 온전히 뉴업New-UP(業)할 기회를 찾을 것인지 진지하게 고민해야 한다. 현재의 회사에서 고성과자라고 마음을 놓아서도 안 된다. 과거의 성과가 퇴직 이후의 성공 여부를 보장해주지는 않기 때문이다. 오히려 회사라는 제한된 환경에서 만들어온 자신만의 성공 비결이 바깥세상에서는 전혀 먹히지 않는다는 것을 나중에야 깨닫게 될 뿐이다. 대기업이나 글로벌 기업 출신도 예외가 아니다. 언제까지 '유명 회사의 전직 ○○○'이라는 타이틀에 자신의 가치를 내맡길 것인가? 한편, 지금 회사에서의 업무 성과가 그다지 좋지 않다고 해도 실망할 필요 없다. 퇴직 이후의 안정된 삶은 먼저 준비하는 사람의 몫이지 과거의 영광에서 오는 것이 아니다. 이제부터는 자신의 미래를 위해 시간을 쓰자.

삶과 일 되돌아보기

'지금까지 당신은 어떤 삶을 살아왔는가? 회사는 당신에게 어떤 의미이며, 왜 이 직업을 선택했는가? 그리고 그 여정에서 잃은 것과 얻은 것은 무엇인가?'

이 역시 선뜻 대답하기 어려운 질문들일 것이다. 하지만 곰곰이 생각해보라. 아쉬운 일들이 머릿속에 떠오르겠지만, 그만큼 만족스러운 일들도 분명 있었을 것이다. 직장 생활이 끝나가는 지금, 퇴직 이후에 대한 솔직한 마음을 살펴라. 감정을 그대로 적어두는 것도 좋다. 기대, 두려움, 무기력, 희망, 아쉬움… 더 나아가 분노와 원망. 그 모든 감정들을 객관적으로 바라보면서 지금까지의 삶과 일을 되돌아보는 계기를 만들 수 있다. 지금까지 회사가 주인공이고 나는 마냥 배경과 같은 삶을 살았다면, 이제는 그 시간을 살아온 나를 중심으로 되돌아보자. 무엇을 얻었는지, 아쉬운 것들은 무엇인지 꾸준히 기록해보자.

퇴직을 생각하다보면 막연히 두렵거나 불안해지기도 할 것이다. 이미 퇴직했다면 머릿속엔 온통 미래에 대한 두려움과 불안으로 가득할지도 모른다. 그렇다면 그 원인이 무엇인지 파악해보자. 지금까지의 삶과 일을 되돌아보는 것으로부터 퇴직 이후를 구상하는 큰 그림을 그려갈 수 있다.

퇴직 후 목표 가치 설정하기

"과거의 경험으로 미래를 설계하지 마라. 안정적인 직업이란 존재하지 않는다."

《직업의 종말》의 저자 테일러 피어슨Taylor Pearson이 책에서 한 말이다. 퇴직을 생각하면 막연히 두렵고 불안하다는 사람들이 많다. 퇴직하고서도 과거에 사로잡혀 있는 사람들도 부지기수다. 그렇다면 그 감정들은 과연 어디에서 오는 것일까? 퇴직은 한 번도 겪어보지 못한 경험이기에 불안한 것이며, 아직 새로운 길을 발견하지 못해 두려운 것인지도 모른다. 회사로부터 더 이상 '보호'받지 못할지도 모른다는 마음이 퇴직을 상상조차 하고 싶지 않은 상태로 만든다.

그런데 여기서 잠깐! 언제까지 회사가 나를 지켜줄 것이라고 생각하는가? 회사는 처음부터 당신을 보호하고 있었던 것이 아니다. 그러니 내 경험의 한계를 인정하고, 최대한 많은 새로운 경험을 통해 불안과 두려움의 근원을 찾아 해소시켜나가는 것이 우선이다. 이를 위해서 필요한 것은 퇴직 후의 목표 가치를 파악하는 것이다. 직장 생활을 하는 동안에는 옆자리 동료들과 크게 다르지 않은 목표를 가졌을지도 모른다. 좋은 커리어를 갖는 것, 상사에게 인정받고 승진하는 것, 임원이 되는 것 등이 대표적이다. 그런데 퇴직 후 목표 가치는 이런 목표들과 결이 달라야 한다. 목표 가치를 설정하는 일은 단지 재취업에 대한 의지를 불태우는 것이 아니다. '앞으로 어떤 삶을 살아갈 것인가'라는 본질적인 질문을 스스로에게 묻고 답하는 과정이다.

나의 업무 역량은 물론, 성향, 소양, 소프트 스킬, 취향 등등을 모두 고려하여 앞으로의 목표를 구상하라. 지금까지 했던 일들과 연결되는 목표를 찾거나, 지금과는 전혀 다른 새로운 일에 도전할 방법을 구체적으로 모색하라. 이처럼 퇴직 후 삶의 목표 가치를 설정하는 과정은 지금까지 '내가 누군데!'라고 생각한 관점을 바꿔 '나는 누구일까?'라는 근원적인 질문에 조금 더 가까이 다가가는 것이다.

어떤 목표 가치가 있을까?

- 사회적 기여
- 자아실현 추구
- 지적 욕구 충족
- 경제적 소득 기대
- 소셜 포지션 유지

퇴직 후 구상할 수 있는 대표적인 목표 가치는 위의 다섯 가지이며, 이를 자신이 추구하는 방향에 따라 구체화하는 것이 이 단계의 가장 큰 미션이다. 내가 왜 그 목표 가치를 희망하는지 이해하고 어떻게 그 목표를 달성해나갈 것인지 해답을 만들어 가자. 목표 가치는 대상자 개인의 성향이나 전문 역량뿐만 아니라, 퇴직을 앞둔 기간, 직급, 직종 등 다양한 변수에 따라 유의미한 차이를 보인다. 예를 들어, 일반 기업에 다니는 직장인들의 경우에는 나이와 직급을 불문하고 '경제적 소득 기대'라는 목표 가치를 가장 선호하는데, 이는 직장인들의 퇴직 후 경제적 불안감을 그대로 나타내는 결과라 할 수 있다. 다만, 경영진으로 퇴직한 경우 '사회적 기여', '자아실현 추구' 등을 선택하는 비중이

다소 높아지며, 갑작스러운 퇴직을 맞이한 사람들은 '소셜 포지션 유지' 목표가 상당히 높다. 반면, 공공기관 구성원들 및 교직 공무원들의 경우에는 '사회적 기여', '자아실현 추구'에 대한 선호가 일반 기업의 직장인 대비 높은 편이다. 이처럼 각자가 지향하는 퇴직 후의 목표 가치를 명확히 하고, 이를 통해 퇴직 전의 불안과 두려움을 기대감으로 전환시킬 수 있는 계기를 만드는 것이 필요하다.

퇴직 3년 전, 나는 어떤 사람으로
살아가고 싶은가?

1단계 열 가지 미션 가이드

① 어린 시절 꿈을 기억하라. 왜 '그런 사람'이 되고 싶었는가?

② 회사 생활 중 가장 의미 있었던 순간과 그 이유를 적어보라.

③ 우리 회사의 주요 퇴직 사유와 평균 퇴직 나이를 점검하라.

④ 나에게 회사는 어떤 의미였는가? 회사로부터 얻은 것과 아쉬
   운 점을 생각해보자.

⑤ 나와 유사한 커리어 경쟁력을 가진 사람들이 퇴직 후에 무엇
   을 하는지 탐색하라.

⑥ 회사 업무를 잘하기 위해 꾸준히 노력한 것들을 적어보라.

⑦ 내가 좋아하는 것, 좋아하지 않는 것, 새로 관심이 생기는 것
   들을 기록하라.

⑧ 퇴직을 상상할 때 느껴지는 감정과 생각을 솔직하게 적어보라.

⑨ 퇴직준비도를 진단해보고 나의 현재 상태를 점검하라.

⑩ 퇴직 이후 삶에서 가장 우선시하는 목표 가치 두 가지와 그
   이유를 적어보라.

1단계 점검을 위한 다섯 가지 체크리스트

① 퇴직준비도 진단 결과 확인 ☐

② 어린 시절 꿈 리스트 작성 ☐

③ 취향 보드 및 상세 리스트 작성 ☐

④ 목표 가치 우선순위 선정 ☐

⑤ 퇴직에 대한 긍정적/부정적 감정 리스트 작성 ☐

모두 했으면 다음 단계로 이동!

Learn: 롤 모델을 찾아라

학습 Learn

앞선 경험을 통해 배우는 지혜, 롤 모델을 찾아라

목표 달성 시기

현직자 – 퇴직 예상 시기 1년 전

퇴직자 – 퇴직 후 1년 이내

나의 취향과 목표 가치를 찾았는가? 그렇다면 두 번째 단계에서는 배움을 통해 목표를 구체화해야 한다. 목표 구체화는 자신이 구상하는 일을 이미 뉴업으로 실현한 롤 모델들을 찾는 것에서부터 시작된다. 다양한 정보들과 사례들로부터 나는 무엇을 할 것인지 실행 방법을 모색하자. 유튜브의 퇴직 정보 알고리즘이 나를 이끄는 대로 끌려가지 마라. 꼭 필요한 정보를 꾸준히 찾고 나의 역량을 점검하며 실행 가능성을 모색해야 한다. 그리고 실제로 그 일들을 해본 사람들을 찾아 나서자. 주변에 이미 퇴직하여 뉴업을 실현한 사람을 수소문할 수도 있고 매체에 소개된 사람들에게 먼저 연락해보는 것도 좋은 경험이 된다. 모든 정보력을 동원하자. 필요하면 발품을 파는 것이 당연하다. 지금까지 내가 성공한 룰을 버리고 뉴업에 성공한 사람들에게 도움을 청하라. 많은 시행착오를 겪고 성공을 이룬 사람들은 타인에게 관대하다.

롤 모델 찾기의 핵심 목적은 성공 사례를 그대로 따라가는 것이 아니라, 나의 뉴업 방향을 구체화하고 시행착오를 최소화하는 것이다. 오랜 회사 생활로 인해 제한된 정보 탐색 역량을 확장하고, 목표를 찾기 위한 정확한 방향을 구상하는 일이 이 단계의 미션이 되어야 한다. 그 과정을 통해 가까운 미래에 당신도 뉴업에 성공한다면, 분명 다음 퇴직자들에게 기꺼이 경험을 나눌 것 아닌가?

〈Learn: 롤 모델을 찾아라〉 단계의 아래 다섯 가지 실행 가이드를 살펴보자.

일과 삶에서의 다양한 관계 재정의하기

"한 회사 재경팀에서 35년을 지냈습니다. 대학을 졸업하고 입사한 후에 거의 한 부서에서만 있었어요. 업무 변경이 있기는 했어도 줄곧 외길만 파온 셈입니다. 비교적 안정적인 회사를 다닐 수 있어서 정말 감사하지만 막상 퇴직을 하니 '아, 나는 정말 작은 세상에서 살았구나' 실감이 났습니다. 퇴직한 후 1년이 다 되어가지만, 그때 가족 같았고 친구처럼 지냈던 동료들도 내가 퇴직하니 연락을 끊어요. 저도 굳이 연락할 이유가 없어지더군요. 퇴직 전에 새로운 관계를 미리 만들어두었다면 어땠을까 이제 와 후회가 됩니다."

_중견 건설사 정년퇴직자 T님

퇴직 후에도 만나게 될 직장 동료들이 몇 명이나 될지 생각해본 적 있는가? 생각보다 많지 않음에 깜짝 놀랄 것이다. 어떤 면에서는 가족보다 나를 더 잘 알던 동료들과 매일 부대끼며 수십 년을 보냈지만, 퇴직한 지 얼마 지나지 않아 핸드폰에 저장된 옛 동료의 이름에도 무심한 표정을 짓게 된다. 서운한 마음이 들 수도 있지만 어쩔 수 없다. 그것이 회사라는 경계 안에서만 통하던 관계였음을 그때는 몰랐을 뿐이다. 이런 상황을 생각한다면 그때를 위해 관계를 단순화해두는 것이 바람직하다. 퇴직 후 새롭게 관계를 확장하기 위해 필수 불가결한 일 중 하나이다.

T님처럼 한 회사에서 오래 근무했거나 한정된 역할을 주로 수행했다면 인적 네트워크 범위가 상대적으로 좁다. 회사에서 맺어온 공식적인 관계가 자연스럽게 소원해진다. 이 당연한 일에 서운해하는 대신 퇴직 후 할 일을 중심으로 새로운 네트워크를 구축하는 일이 필요하다. 정기적인 동호회나 취미 동아리에서 시작해도 괜찮다. 다양한 온라인 밴드나 가까운 지역 중심 커뮤니티 플랫폼을 통해서도 유사한 관심사를 가진 사람들과 교유할 수 있다. 현직에 있을 때 이런 활동을 꾸준히 하기는 어렵다. 하지만 퇴직 후에 시작하려면 더 막막하니 최소 퇴직 1년 전까지는 자신의 네트워킹 범위를 넓히고 뉴업을 달성하기 위한 새로운 네트워크를 만들어야 한다.

인생 대차대조표 작성하기

퇴직 예상 시점으로부터 1년 전, 온갖 생각들이 머릿속을 스쳐 지나갈 것이다. 그동안 내가 이룬 성과, 내가 없으면 안 되었던(사실은 그렇게 믿고 싶었던!) 영광의 순간들, 내가 시도한 많은 일들까지, 모두 '나'에게 집중된 일들로 가득할 것이다. 성과에 대한 자부심과 함께 더 이루지 못한 아쉬움도 남을 것이다. 바로 이때가 인생 대차대조표를 작성해보기 좋은 시기다. 그동안 어렵사리 모은 재무자산의 수익률이 아니라, 내 인생의 자산, 부채, 자본 등을 살피는 것이다. 이를 통해, 그동안 무엇을 얻고 잃었는지를, 어떤 것은 갚아야 하고, 또 어떤 것은 평생의 부채로 남겨두어야 할지도 생각해볼 수 있다.

'퇴직 후 나 자신에게는 어떤 투자를 할까?' 이 질문에도 답할 수 있어야 한다. 스스로를 '자산'으로 여겨라. 그리고 자신에게 지속적으로 투자해야 한다. 스스로를 그동안 벌어둔 자산을 깎아먹는 '비용'으로 여기는 순간, 더 이상 성장을 기대하기는 어렵다. 그리고 자신에게 투자한 것으로부터 수익율을 얻고자 한다면, 시간, 돈, 노력이라는 삼박자를 꾸준히 맞추어가야 한다는 사실도 잊지 말자. 인생 대차대조표에는 관계에서의 부채, 장기적으로 투자할 가치, 지금까지 만들어온 무형 자산, 건강상 취약한 점 등이 구체적으로 포함되면 좋다. 꼼꼼히 챙기다보면 퇴직 준비에 필요한 것이 결코 '돈'만은 아님을 실감하게 될 것이며, 분명 차변과 대변이 조화로운 퇴직 이후를 설계할 수 있게 될 것이다.

커리어 경쟁력을 객관적으로 점검하기

"이력서요? 써본 적 없습니다. 신입사원으로 입사해서 25년 넘게 한 그룹에만 있었습니다. 그간 계열사 이동만 세 번 했고요. 해외법인 관리차 중국과 베트남에 3~4년 있었습니다. 두어 번 복귀를 반복하다가 마지막에 사업 철수를 위해 북경 지사장을 했는데, 돌아오니 내 자리가 없어졌어요. 그런데 이력서 서식 좀 보내주실 수 있습니까?"

_식품회사 북경지사장 권고사직자 S님

'나의 전문 분야는 내가 퇴직한 후에도 여전히 전망이 좋은가? 나는 그 분야에서 경쟁력이 있는가?'

이 두 질문에 대한 자기 평가에 냉정해야 한다. 만약 S님이 마지막 사업 철수차 해외에 발령받았을 때, 자신의 커리어 경쟁력을 객관적으로 살펴보았다면 어땠을까? 물론 회사라는 익숙한 환경에서 '딴생각'을 하기는 쉽지 않지만, 커리어를 이어갈 가능성과 자신의 경쟁력은 스스로 챙겨야 한다. 만약 혼자서는 판단하기 어렵다면 전문가를 찾는 것도 좋은 방법이다. 당사자는 알아차리지 못하는 자신의 경쟁력을 전문가들은 객관적으로 점검해줄 수 있다. '회사에 대한 배신'이 아닌가 생각되는가? 회사가 먼저 배신하려고 당신을 노리고 있을 수도 있다. 한 회사에서 정년을 채울 수 있으리라는 막연한 기대감은 허망한 결론에 이를 가능성이 크다. 그러므로 S님의 사례처럼 회사 내 커리어의 변화가 크고 자신에게 유리하지 않게 흘러가는 조짐이 나타나면, 회사가 베풀어줄 인정에 기대지 말고 자신의 커리어 경쟁력을 명확하게 인식해야 한다.

이 단계에서 자신의 커리어 경쟁력을 냉정하게 점검해야 하는 이유는 두 가지다.

첫째, 재취업 가능성을 높이기 위해서이다. 대부분의 퇴직자들이 퇴직 후 재취업을 희망하지만 자신의 전문성과 역량 수준을 살피지 않는다. 실제로 많은 퇴직자들이 갑작스럽게 퇴직을 맞이하면서 자신의 커리어 경쟁력을 면밀히 검토할 기회가 없다. 또한, 오랜 직장 생활 동안 이력서조차 써본 경험이 없는 사람들도 상당수다. 자신의 경쟁력을 시장의 관점에서 객관적으로 검토할 기회가 없었다는 것인데, 스스로도 파악하지 못하는 역량을 어떻게 증명할 수 있겠는가? 특히 한 회사에서의 재직 기간이 길고 직급이 높을수록 퇴직 후 심리적인 충격은 더 크고 재취업 가능성은 상대적으로 더 낮다. 그러므로 나의 전문 영역, 관련 시장 전망, 수행 업무 역량, 수용 가능한 연봉 등을 점검하고 이력서를 업데이트해둘 것을 권한다. 재취업도 현직일 때가 유리하다.

둘째, 뉴업 실현 가능성을 높이기 위해서이다. 나의 커리어 경쟁력을 현시점에서 파악해두면, 지금 당장 뉴업의 길을 찾을지 아니면 기존 커리어를 확장하여 같은 분야에 한 번 더 도전해볼지 판단할 수 있다. 퇴직 후 뉴업에 성공한 사람들의 공통된 의견은 자신이 과거에 쌓은 경험과 역량은 퇴직 후 새로운 일을 추진할 때에도 분명 도움이 되었다는 것이다. 하늘 아래 완전히 새로운 일이란 없다. 그러므로 자신의 역량을 객관화하고 끊임없이 새로운 일과 연결하면서 뉴업으로 확장해나가면 된다. 이처럼 자신의 경쟁력을 점검하는 과정에서 더 이상은 동종 업계에서 경쟁력을 발휘하기 어렵다고 판단되면, 과감히 뉴업 방향성을 모색해야 한다.

회사의 퇴직 지원 제도 꼼꼼히 챙기기

"당시 회사에 전직 지원 프로그램이 있었는데 다들 잘 몰랐어요. 저는 업무상 회사의 제도를 잘 알고 있었죠. 담당자를 찾아가서 '이런 게 있던데 어떻게 하면 되냐' 물어보니, 인사 담당자가 구색 맞추기로 만들었고 아무도 신청하지 않아 자기도 잘 모른다고 하더군요. 그래도 1인당 책정된 예산이 있다고 해서 1년간 디자인 학원을 다니면서 포토샵 같은 프로그램을 하나하나씩 다 배웠어요."

_금융회사 퇴직 후 로컬 가치 개발자로 뉴업한 P님

50대 이상 구성원들을 위한 퇴직 지원 제도를 갖춘 회사들이 상당히 많다. 특히 상시 근로자 1,000명 이상 사업장은 재취업 지원서비스를 의무적으로 제공해야 한다. 그런데 정작 퇴직 예정자들의 관심도는 그다지 높지 않다. 당연한 권리임에도 불구하고, '업무에 집중하지 않고 퇴직을 준비하는 사람'으로 낙인

찍힐까봐 두렵다는 것이다. 기업 담당자들 역시 퇴직 지원 업무에 소극적으로 대응하는 경우가 많은데, 회사의 핵심 업무가 아니라고 생각하거나 괜히 퇴직 예정자들의 불편한 심기를 건드릴 필요가 없다고 생각한다. 그래서 퇴직 지원 프로그램을 소극적으로 운영하거나 전임 담당자도 제대로 지정하지 않은 기업들도 허다하다. 퇴직 당사자들의 반응도 이러한 회사 분위기를 그대로 보여주는데, 인사 담당자가 제도를 소개하거나 퇴직 교육 대상자로 안내하면 불편한 기색을 드러내는 경우도 많다. 퇴직을 무작정 피하고만 싶어하는 마음 때문에, 오히려 회사의 지원을 통해 체계적으로 퇴직준비를 할 수 있는 기회를 놓치고 만다. 그러므로 인사 담당자들은 퇴직 프로그램 커뮤니케이션에 보다 신중할 필요가 있으며, 당사자들은 자신에게 적합한 프로그램을 챙기고 회사에 다양한 지원을 적극적으로 요구할 필요가 있다.

퇴직 성공 사례 발굴하기

"퇴직 전에는 보험 영업을 했습니다. 기업 고객 담당이었어요. 여의도를 골목골목 잘 압니다. 현직에서 퇴직준비를 많이 하지는 않았지만, 막연히 프랜차이즈 카페를 하나 내야겠다 생각했어요. 그동안 해왔던 일로 먹고는 살겠지만, 퇴직 이후에는 수입처를 다양하게 만들어두고 싶었습니다. 위치 좋은 곳에 카페 하나 열고 아르바이트 1명 고용해서 해보자고 마음먹었죠. 그래서 회사 일을 하면서도 목 좋은 곳이 어딘지, 새로 건물이 어디에 생기는지 눈여겨봐두었습니다. 그런데 마침 제 담당 기업 고객사가 건물 지하를 리뉴얼하면서 카페 점주를 찾더라고요. 고객한테 부탁해서 담당자를 찾고 계약을 바로 해서 지금까지 3년째 운영하고 있습니다."

_보험사 퇴직 후 N잡러가 된 M님

〈Learn: 롤 모델을 찾아라〉 단계의 마지막 실행 가이드는 나에게 맞는 퇴직 성공 사례들을 찾아 나서는 것이다. 나에게 조언을 줄 롤 모델은 멀리 있지 않다. 퇴직한 선배들에게 조언을 얻을 수도 있고, 지인들의 추천을 받을 수도 있으며, 스스로 정보를 찾아 실제 사례를 모으고 직접 연락해보는 것도 좋은 방법이다.

롤 모델을 찾는 과정은 당장 실행 가능할 정도로 구체적이어야 한다. 퇴직 예상 시점으로부터 약 1년 전을 목표로 구상한 일인 만큼, 자신의 목표 가치에 부합하는 현실적인 솔루션을 만드는 방법은 관련 분야의 성공 사례들을 찾아 나에게 맞게 적용하는 것이다. 다만 넘치는 정보들에 흔들리지 말고 타인의 이야기와 경험에 귀를 기울이되 맹신해서는 안 된다. 그 사람과 나는 다른 사람임을 잊지 말고 나만이 할 수 있는 일을 찾아내기 위해 도움을 청하는 것이라고 생각해야 한다.

앞으로 다가올 네 번의 계절별 점검 리스트를 작성하는 것도 도움이 된다. 목표가 아이디어에서 끝나지 않도록 자신의 역량을 꼼꼼히 기록하고 앞으로 해내야 할 과업에서 필요한 역량을 확보할 방법을 파악해둘 것을 권한다. 또한, 성공 스토리뿐만 아니라 시도와 실패를 거듭한 이야기를 철저하게 분석하고 자신에게 맞는 현실적인 시나리오를 구상하여 꾸준히 실천해야 한다. 처음에는 어디에서부터 시작해야 할지조차 막막할 수 있지만, 찾다보면 퇴직 이후 뉴업에 성공적으로 안착한 사람들이 의외로 많다는 것도 깨닫게 될 것이다.

퇴직 1년 전,
나는 무엇을 새롭게 배울 것인가?

2단계 열 가지 미션 가이드

① 퇴직 후 연락을 계속할 직장 동료 5명의 이름과 그 이유를 적어보라.

② 새롭게 공부하고 싶은 분야를 세 가지 적어보라.

③ 나의 가장 큰 성과를 떠올려보자. 그렇게 생각한 이유는 무엇인가?

④ 내가 지금까지 만들어온 인생의 자산, 부채, 자본 등을 생각해보라.

⑤ 이력서가 있는가? 핵심만 짚어 업데이트해두자.

⑥ 내 전문 분야의 성장 가능성 및 나의 역량을 객관적으로 점검하자.

⑦ 우리 회사의 퇴직 지원 정책을 꼼꼼히 챙기고 필요한 사항은 문의하라.

⑧ 뉴업 성향 진단 솔루션(NPT)을 활용하여 나에게 맞는 뉴업 옵션 두 개를 점검하라.

⑨ 퇴직 선배, 지인, 미디어 등 다양한 정보를 이용하여 롤 모델 3명을 찾아라.

⑩ 질문을 구체화하고 그들과 지속적인 연락 체계를 만들자.

2단계 점검을 위한 다섯 가지 체크리스트

① 뉴업 성향 진단 결과 확인 ☐

② 두 가지 뉴업 옵션별 실행 방안 리스트 작성 ☐

③ 퇴직 성공 사례 및 롤 모델 리서치 ☐

④ 나의 경력에 맞는 커리어 전문가 컨택 리스트 작성 ☐

⑤ 퇴직 후 버킷 리스트 작성 ☐

모두 했으면 다음 단계로 이동!

Act: 액션 플랜을 구상하라

실천 Act

루틴을 만드는 힘, 액션 플랜을 구상하라.

목표 달성 시기

현직자 – 퇴직 예상 시기 6개월 전

퇴직자 – 퇴직 후 2년 이내

'드디어 퇴직 6개월 전, 지금까지의 퇴직준비는 순조로웠고 퇴직 이후의 삶이 기대되는 순간이다.'

그랬으면 정말 좋겠지만, 마주한 현실은 그렇지 않을 가능성이 매우 높다. 정년퇴직을 1년 미만 앞둔 100여 명의 교장, 교감 선생님들을 대상으로 실시한 퇴직준비도 진단 결과에서 약 80%가 관망(갤러리) 단계에 위치해 있었다. 액션 플랜을 구상할 준비가 되었다고 보는 시기인 관심(부킹) 단계에 있는 대상자는 15%에 그쳤는데, 심지어 미인지(노비스) 단계에 머무르고 있는 분들도 있었다. 이처럼 퇴직을 매우 안정적으로 준비할 것이라 기대할 수 있는 교직 공무원들도 퇴직준비에는 그다지 적극적이지 않다.

그렇다면 현직에 있는 직장인들은 어떨까? 오늘도 퇴직을 상상조차 하지 않거나, 곧 닥칠 퇴직 순간을 예상조차 하지 못하고 익숙한 사무실에서 하루를 보낼 수도 있다. 하지만 이런 경우라도 방법이 있다. 2장 '현직에서 시작하는 4단계 워밍업'으로 돌아가 나의 퇴직준비도를 점검하자. 혹여 예상치 못한 순간이 현실이 되어 이미 퇴직한 상태라 할지라도 너무 걱정하지 말자. 이미 벌어진 일이라면 지금부터 준비를 시작하면 된다. 너무 늦은 때란 없다는 말이 바로 이 순간에 해당한다. 퇴직 후라면 2장

'퇴직 후 반드시 겪는 4단계 성장통'으로 돌아가 나의 현 준비 상태를 점검하자.

많은 사람들이 자신의 '퇴직 전 6개월'을 예상하지 못한다. 회사와 이별할 날짜를 알고 있는 정년퇴직 예정자라면 그나마 마음의 준비라도 할 수 있겠지만, 희망퇴직이나 권고사직이면 일방적인 퇴직 통보를 받아들일 마음의 여유조차 찾기 어려울 것이다. 최고 대우를 받은 경영진도 다르지 않다. 다음 해 계약 연장을 두고 매년 불안한 연말을 보내는 이들은 6개월 후는 물론 내일 당장도 예측하기 어렵다. 그래서 앞의 계획plan과 학습learn 단계를 차근차근 준비하기는커녕, 퇴직을 인지조차 하지 못한 채로 퇴직을 맞이할 가능성이 크다. 이 경우라도 방법이 있다! 우선 닥쳐온 퇴직 현실에 맞서 정신을 바짝 차리자. 이미 벌어진 일은 어쩔 도리가 없지 않은가? 그대로 주저앉아 있지 말고 퇴직준비의 첫 단계인 〈Plan: 취향을 발견하라〉로 되돌아가라. 거기에서부터 다시 시작하면 된다. 지금부터 3년 후를 목표로 또 다른 성공을 이루어나갈 계획을 세우고 실천하면 된다.

〈Act: 액션 플랜을 구상하라〉 단계의 아래 다섯 가지 실행 가이드를 살펴보자.

멋진 퇴직 인사 준비하기

"퇴직 인사요? 못했습니다. 퇴직 통보를 받는 순간, 다리에 힘이 풀리더니 그냥 주저앉고 싶은 심정이었습니다. 30년 가까운 직장 생활이 여기서 끝났구나 싶더군요. 언젠가 올 줄은 알았지만, 그날일 줄은 몰랐습니다. 나는 더 일할 수 있는데, 회사는 맡길 일이 없다고 해요. 저 자신이 부끄러운 생각부터 들었습니다. 면담이 끝나고 자리에 돌아오니 팀원들도 고개를 숙이고 곁눈질로 제 눈치를 봐요. 저는 잘못한 일이 없는데, 죄지은 기분으로 회사를 나왔습니다. 그게 회사와의 마지막 기억입니다."

_식품회사 마케팅 전략 팀장으로 퇴직한 K님

오늘도 출근하면서 동료들과 가벼운 인사를 나누었을 것이다. 그러나 그 아침 인사가 영원하지 않다는 사실은 의식하지 못했을 것이다. 직장인들 대부분이 언제 퇴직할지 모르고, 모른다고 믿으며, 모르고 싶어한다. 당연하게 여겼던 일상은 한순간에 사라질 수 있다. '언제 퇴직할지도 모르는데, 퇴직 인사를 준비하라고?' 그런 생각이 들 법도 하다.

퇴직준비의 출발점은 퇴직 순간을 상상해보는 일이다. '퇴직하는 그 순간, 오랜 동료들 그리고 소중한 가족들에게 어떤 이야기를 전할까?' 이 질문을 하는 순간, 상상 속 퇴직은 현실이 된다. 그러니 지금까지 못한 이야기를 글이나 텍스트 메시지로 간단히 기록해보자. 그리고 그동안 그 누구보다 가장 수고했을 자신을 위한 진심 가득한 한마디를 준비하자. 다음 여정을 위한 따뜻한 위로와 응원이 될 것이다. 시간을 두고 글을 열어보면, 보탤 것, 뺄 것, 머쓱한 것과 부끄러운 것들이 보일 것이다. 어떤 인사로 그들과 그리고 가장 소중한 '회사 안에서의 나'와 작별하기를 원하는가? 지금 상상하는 미래가 그날의 현실이 될 것이다.

퇴직 후 루틴 설계하기

1단계 〈Plan: 취향을 발견하라〉 마지막 가이드라인 '퇴직 후 목표 가치 설정하기'를 기억하는가? 드디어 그때 정한 퇴직 후 목표 가치를 실행하기 위한 루틴을 만들 때가 왔다! 지금까지 퇴직준비를 위한 방향성을 설정했고 그에 따라 준비의 여정을 거쳤다. 이제 퇴직을 6개월 앞둔 시점에서 해야 할 일은 퇴직준비를 위한 루틴을 퇴직 후 일상으로 전환시키는 것이다.

퇴직 후 루틴을 설계하기 위해서는 목표와 실행 방안이 구체화되어 있어야 한다. 최소한 퇴직 후 1년 이상을 예측하여 실행 계획을 세우자. 만약 회사가 재취업지원서비스 의무화 대상 기업이거나 회사 내 유사한 복지 제도가 있다면 근무 중 교육을 적극적으로 활용하는 것도 좋다. 또한 특정 시간을 할애하여 꾸준히 학습하고 실행 계획들을 구체화할 수도 있을 것이다.

하루아침에 되는 일은 없다. 앞선 단계에서 실행 방법이 구체화되었다면, 작은 실천을 통해 일상의 일부로 만들자. 물론 지금 당장 눈앞의 업무가 먼저 보일 것이고 해야 한다는 필요성보다 하지 못하는 핑계가 더 많겠지만 나의 퇴직 이후의 일상을 만들 사람도 나 자신임을 잊지 않아야 한다.

한 장의 프로필 작성하기

이력서 대신에 한 장의 프로필을 준비하라. 혹시 입사부터 지금까지 연도별로 차곡차곡 정리해둔 부서 이동 역사를 이력서라고 생각하는가? 과거의 기억까지 모두 꺼내 정성스럽게 준비한 여러 장의 문서를 보고 당신의 커리어에 관심을 가질 사람은 없다. 냉정하게 들리겠지만, 우리는 타인의 역사에 관심이 없다. 나의 이력 중 무엇이 핵심인가를 찾아야 한다. 그리고 한 장으로 정리하라. 결코 쉽지 않지만, 그 과정에서 나의 핵심 역량이 무엇인지를 찾을 수 있다. 혹은 나의 커리어가 관련 업계에서 더 이상 매력적이지 않다는 사실을 냉정하게 파악하는 계기가 되기도 한다.

재취업을 희망하는 퇴직자들 중에서 자신의 역량을 명확하게 설명하지 못하는 경우가 많다. 높은 포지션에서 퇴직했다면, '그걸 어떻게 내가 이야기하나요?'라고 멋쩍어한다. 자신을 잘 드러내지 않는 그 세대 고유의 성향이라 볼 수도 있겠지만, 자신의 역량을 과대평가하고 있는 경우도 많다. 하지만 재취업 시장의 좁은 문을 열고자 한다면, 내가 무엇을 잘하는 사람인지, 다른 후보자들과는 어떤 차별점이 있는지 구체적으로 생각해봐야 한다. 한 가지 팁은 자신의 이력에 애정을 덜고 냉정함을 더하여 '나는 경쟁력이 있는가? 내 경쟁력의 원천은 무엇인가?' 등의 질문을 스스로 해보는 것이다. 이런 준비 없이 헤드헌터가 내 과거의 포지션만을 보고 새로운 자리에 추천할 리는 없다.

한편, 당장 재취업을 고려하지 않더라도 한 장의 프로필은 여러모로 쓸모가 있다. 타인에게 '현재와 미래'를 중심으로 나를 소개할 수 있다. 과거에 얽매이지 않는 사람은 단정하고 세련되어 보인다. 더 이상 '○○그룹 출신 ○○○'이 아니라, 현재 무엇을 하고 어떤 계획을 세우고 있는지를 중심으로 자신을 소개할 좋은 방법이 바로 한 장의 프로필을 만드는 것이다. 한 장의 프로필에는 다음과 같은 내용이 포함되면 좋다. 한 줄 자기소개, 두세 줄로 구성된 이력 설명, 상대방이 관심 있어할 만한 간단하고 매력적인 이력, 그리고 앞으로의 목표와 계획이다. 막상 시작해보면 생각보다 쉽지 않다는 것을 알게 될 것이다. 이처럼 한 장의 프로필은 자신의 경험과 역량을 매력적으로 보이도록 브랜딩하기 위해 꼭 필요하다.

나를 위해 쓸 수 있는 금액 정하기

2단계 〈Learn: 롤 모델을 찾아라〉 중 '인생 대차대조표 작성하기'에서 스스로를 자산으로 여기라는 부분을 기억하는가? 자신의 성장 모멘텀을 꾸준히 찾기 위해서는 자신의 가능성을 믿어야 한다는 의미이다. 그리고 자신의 성장을 위해서는 두말할 나위 없이 '투자'가 필요하다. 목표 달성을 위한 시간, 돈, 노력의 삼박자 말이다. 투자라고 하니 덜컥 걱정부터 앞서겠지만, 뉴업을 준비하기 위해 반드시 많은 돈이 들어갈 필요는 없다. 뉴업의 방향만 명확하다면 분명 현명한 계획을 세울 수 있다.

현직에서 퇴직준비를 시작해야 한다고 강조하는 이유가 여기에 있다. 퇴직을 하면 당장 지갑이 닫힌다. 재무적인 준비가 꽤 잘되었든 아니든 크게 다르지 않다. 퇴직금, 연금, 예금 모두 월별 생활비로 환산하고 앞으로 '살날'을 계산한다. 어떻게 계산해도 빠듯하기 그지없다. 학업을 다 마치지 못했거나 결혼을 앞둔 자녀들 걱정에 밤잠도 설칠 지경일 것이다. 그러다가 통장에 찍힌 숫자에서 0이 하나씩 줄어들 때가 되어서야 대안을 찾기 시작한다. 그때는 정말 늦다.

지금부터 한 달에 오로지 나를 위해 사용할 수 있는 금액을 정해보자. 큰 금액이 아니어도 괜찮다. 지금까지 나보다 내 가족이, 나의 취향보다 타인의 니즈가 우선이었던 자신을 위해 사용할 수 있는 돈이 필요하다. 충분히 그럴 자격이 있다. 그 돈을 어디에 쓸지 구체화하고 나의 미래에 투자하자. 퇴직 후 막연하게 '책이나 한 권 써볼까, 유튜버나 해볼까?' 할 것이 아니라, 인사이트 기버나 콘텐츠 크리에이터가 되기 위해 나는 무엇을 배우고 어떤 준비를 해야 하는지를 큰 그림으로 구상하고 단계별로 꼼꼼히 챙겨야 한다. 월 10만 원이든, 조금 여유가 있어서 100만 원 정도이든, 혹은 그 이상이든 지금 나에게 투자하는 돈이 퇴직 이후의 길을 만들어가는 데 분명 도움이 될 것이다. 그 투자가 뉴업을 이룰 사업 구상의 첫 단계가 된다. 금액이 다소 적더라도 꽤 오랫동안 투자할 것인지, 아니면 단기 집중 투자를 통해 구상한 사업 모델을 빠른 시간 내에 현실화할 것인지도 여기에서 결정된다.

지속 가능한 콘텐츠 생산자 되기

지금부터 콘텐츠 생산자가 되라. 베이비부머와 X세대가 주를 이루는 퇴직자 및 퇴직 예정자 대부분이 콘텐츠 소비자의 삶을 살았을 것이다. 주입식 교육을 받았고 제한된 매체들의 콘텐츠를 이해하고 받아들이는 데 익숙할 것이다. 퇴직 이후에 무엇을 하고 어떻게 살 것인가에 대해 막막한 기분이 드는 이유 중 하나가 자신만의 콘텐츠가 없기 때문이다. 하지만 이제부터는 콘텐츠를 소비하고 감상하는 주체에서 자신만의 경험을 담은 콘텐츠 생산자가 되어야 한다. '지금까지 직장 생활이나 한 내게 무슨 콘텐츠가 있겠어?' 그런 생각은 아예 머릿속에서 날려버려라. 내가 무궁무진한 콘텐츠 그 자체임을 잊지 말고 지금부터 하나씩 만들어가면 된다.

콘텐츠 생산자가 된다고 해서 모두 유명 블로거가 되거나, 유튜버가 될 필요도 없다. 콘텐츠 생산자가 된다는 의미는 나의 경험과 인사이트를 정리하여 타인에게 알리는 모든 과정을 포함한다. 다시 말해 개인 브랜딩을 통해 뉴업의 새로운 방향을 알리고 사업적 기반을 마련하는 일도 이에 해당한다.

골목에 새로운 카페를 만들어도 그곳만의 콘셉트가 필요하다. 스타트업을 설립해도 브랜딩이 필요하고, 고향으로 내려가 새로운 일을 모색한다 해도 그 중심에는 콘텐츠와 브랜딩이 있다. 자신만의 콘텐츠를 만들고 이를 통해 새로운 브랜딩을 완성하는 것이 뉴업을 찾는 과정에서 가장 중요한 부분이다. 이 중요한 일을 퇴직 후에 시작하면 늦다. 그러므로 현직에 있을 때부터 자신에게 어떤 콘텐츠가 있는지를 파악해야 한다.

어디서부터 시작할지 막막하다면 자신의 경험으로 만들 수 있는 콘텐츠를 구체적으로 적어보라. 분명 본인의 성격과 취향에 맞는 콘텐츠를 찾을 수 있을 것이다. 책을 읽는 일상에 익숙하다면, 읽은 책을 정리해보라. 그냥 적지만 말고 콘텐츠화할 방법을 고민해보자. 가장 가까운 사람들에게 나의 역량을 물어보는 것도 좋은 방법이다. 지금까지 가족이나 친한 친구에게조차 솔직한 피드백을 구한 적이 없었을 것이다. 콘텐츠의 소비자에서 지속적인 생산자가 되는 것이 중장기 목표다. 이제부터는 퇴직 이후를 구상하고 계획하는 것에서 구체적으로 실행하는 단계로 넘어가야 한다. 계속해보자. 거듭날 때까지.

퇴직 6개월 전, 지금 당장 실행할
액션 플랜이 구체화되어 있는가?

3단계 열 가지 미션 가이드

① 퇴직 순간을 주기적으로 상상해보라.

② 동료, 가족, 나에게 전할 퇴직 인사를 편지나 문자 메시지로 써보라.

③ 명함이 없는 순간, 다른 사람에게 나를 어떻게 소개할지 적어보라.

④ 퇴직 후 일거리, 놀거리, 생각할 거리를 시기별로 구상해보라.

⑤ 퇴직 후 자신을 소개할 한 장의 프로필을 작성하라.

⑥ 주변 지인에게 나의 역량이 무엇인지 피드백을 청하고 업데이트하라.

⑦ 나의 성장을 위해 쓸 수 있는 월별 금액을 결정하라.

⑧ 나만의 콘텐츠가 될 수 있는 다섯 가지 영역을 적어보라.

⑨ 그중 한 가지를 주제로 일주일에 두 개씩 콘텐츠를 만들어보라.

⑩ 뉴업을 위한 액션 플랜을 시기별로 구체화하라.

3단계 점검을 위한 다섯 가지 체크리스트

① 퇴직 후 '일·놀·생' 리스트 작성 ☐

② 한 장의 프로필 작성 ☐

③ 퇴직 후 3년 목표 로드맵 및 1년 액션 플랜 작성 ☐

④ 뉴업 목표 시장 분석 리포트 작성 ☐

⑤ 개인/법인 사업자 설립 절차 점검 및 실행 ☐

모두 했으면 다음 단계로 이동!

Transform: 작은 성공으로 무장하라

변신Transform

작은 성공으로 만들어가는 성장의 방향

적용 시기

현직자 - 퇴직 후 6개월 이내

퇴직자 - 퇴직 후 3년 이내

지금도 이 순간이 퇴직 후 6개월이 지난 즈음이라고 상상해보자. 어떤 기분이 드는가? 만약 오늘도 마땅한 준비 없이 하루를 보내는 직장인이라면 퇴직 이후를 상상하는 것만으로도 모골이 송연해질지도 모르겠다. 웬만큼 경제적인 문제가 해결될 때까지 버텨보자는 마음을 가진 직장인 역시 오늘이 조급하기 이를 데 없다. 하지만 지금까지 '리:플랫 퇴직준비 셋업 가이드라인'을 따라 차근차근 퇴직을 준비해왔다면 문제가 없을 것이다. 상상 속 '퇴직 후 6개월'에는 그게 무엇이든 뉴업의 방향을 찾았을 것이고 일·놀·생 세 가지의 균형을 찾아가고 있으리라.

　　그런데 안타깝게도 그런 직장인들이 현실에는 많지 않다. 퇴직준비를 꿈이라도 꾸고 상상이라도 하는 직장인들은 100명 중 5명 남짓, 마음의 준비를 미리 시작한 사람도 퇴직 후 6개월 내 모든 것들이 셋업되지는 않을 것이다. 그래서 퇴직준비와 실행에 최소한 3년의 시간을 강조하는 것이다. 그만큼 퇴직 이후의 삶은 녹록지 않다. 남들도 나와 마찬가지라는 위로는 전혀 도움이 되지 않는다. 현직에 있어도 그런 마음일 텐데, 이미 퇴직을 했고 상당히 오랜 시간이 지났다면 마음이 더 무겁다. 지금 당장 퇴직 직전으로 다시 돌아갈 수 있으면 얼마나 좋을까 싶을지도 모른다.

그런데 퇴직을 했든 아니든, 지금 퇴직 이후 삶의 방향성이 명확히 그려지지 않는다고 실망할 필요 없다. 언제든 처음 단계로 돌아가 3년 계획을 세우면 된다. 퇴직준비 셋업 가이드라인이 강조하는 것은 최소 퇴직 3년 전부터 단계별로 퇴직준비를 시작해야 한다는 것이지, 그때가 아니면 퇴직준비의 기회가 없다는 것이 아니다. 누구든 지금이 가장 좋은 때임을 잊지 말고 차근차근 준비해나가면 된다. 나의 퇴직준비도와 뉴업 성향 진단을 시작으로 퇴직을 준비하자. 빠르면 빠를수록 좋겠지만, 언제든 결코 늦은 때란 없다.

〈Transform: 작은 성공으로 무장하라〉 단계의 아래 다섯 가지 실행 가이드를 살펴보자.

새로운 사람들 만나기

새로운 사람들을 만나라. 야마구치 슈는《어떻게 나의 일을 찾을 것인가》에서 "우리의 커리어는 용의주도하게 계획할 수 있는 것이 아니라 예기치 않은 우발적인 일에 의해 결정된다"고 하였다. 상상하지 못한 일은 대부분 새로운 사람들로부터 시작된다. 새로운 일을 주도면밀하게 구상하고 시간과 노력을 투자하는 것도 중요하겠지만, 지금까지 한 번도 만날 기회가 없었던 다양한 분야의 사람들과 대화하면서 새로운 아이디어를 얻기도 한다. 퇴직 후 만나게 될 사람들을 떠올려보자. 전 직장 동료들, 오랜 친구들. 모두 소중한 존재들이지만 새로운 가능성을 찾는다면 관계의 범위를 확장해야 한다. 다만 조급함 때문에 무분별하게 많은 사람들을 만나는 것은 각별히 조심해야 한다.

산업심리학자 존 크럼볼츠John D. Krumboltz 교수도 커리어에 성공한 사람들의 약 80%가 우연한 관계나 상황을 통해 성공을 이루었다는 사실을 '계획된 우연Planned Happenstance 이론'으로 증명한 바 있다. 이는 새로운 성공은 우연한 상황이나 사람과의 만남을 통해 만들어진다는 의미이다. 퇴직자들의 경우도 마찬가지다. 필자가 저마다의 사연을 가진 퇴직자들을 자주 만나면서 알게 된 사실이 있다. 직장 생활을 하면서 변화에 익숙한 사람들은 퇴직 이후에도 놀라운 적응력을 보인다는 것이다. 한 회사에 오래 재직했을수록 퇴직 이후에 새로운 인연을 만들어가는 데 큰 어려움을 느낀다. 오랜 기간 익숙하고 안전한 환경에서 제한된 인적 네트워크만을 형성해왔기 때문이다. 반면 최소 2~3회의 이직을 통해 커다란 변화를 경험한 사람들은 불확실성에 대한 수

용도가 높고 자신의 역량을 새로운 분야로 연결할 수 있는 아이디어가 많은 편이다. 말하자면 새로운 환경에서의 생존 본능이 비교적 높은 편이다.

높은 포지션에서 퇴직한 사람들도 퇴직 후 새로운 사람들을 만나는 데 어려움을 겪는 경우가 많다. 업무적으로 형성된 관계가 퇴직 이후에도 이어지는 경우는 드물고, 스스로 만들기보다 상황에 따라 주어지거나 그들의 포지션을 보고 기회를 찾고자 먼저 다가온 경우가 많기 때문이다. 그러므로 퇴직 후 6개월까지는 자신이 원하는 뉴업 방향성을 구체화하면서도, 이를 확장할 수 있는 인적 네트워크를 넓혀야 한다.

1명의 조언자 구하기

허늘 아래 새로운 아이디어는 없다고 했다. 내가 지금 구상한 뉴업도 분명 비슷한 생각을 갖고 먼저 시작한 사람들이 있다. 이제는 무엇을 어떻게 다르게 할지를 고민하고 실행으로 옮겨야 한다. 그래서 지금까지 나의 취향을 발견해왔고, 롤 모델을 찾았으며, 구체적인 액션 플랜을 만든 것 아닌가? 그럼에도 불구하고 1명의 조언자는 반드시 필요하다. 언제든 핸드폰을 들어 방법을 구하고 고민을 나누고 대책을 논의할 수 있는 한 사람 말이다. 그 사람은 나보다 먼저 퇴직한 회사 동료나 선배일 수도 있고, 오랜 친구일 수도 있으며, 이전 단계에서 찾아냈던 롤 모델 중 한 사람일 수도 있다. 지금 단계에서 조언자는 지금까지의 방향성을 굳건하게 만들고 실행 가능한 방법을 모색할 수 있도록 적극적인 도움을 구할 사람이어야 한다. 퇴직준비를 시작한 지도 벌써 3년째. 아직도 어디로 나아가야 할지 모른다면, 다시 앞 단계로 돌아가 부족함이 없었는지 점검해볼 필요가 있다.

그럼에도 불구하고 많은 퇴직자들이 선배 퇴직자 중 성공적인 커리어 전환을 한 사람들을 찾아 조언을 구하는 데 소극적이다. 그동안 이루어낸 나의 성공적인 커리어만을 생각하면서 새로운 기회를 찾은 후에 보란 듯 변화를 알리고 싶을 것이다. 그러나 그 시간은 예상보다 오래 걸리며, 그사이 수많은 시행착오를 경험하면서 힘든 일상을 반복하기도 한다. 그러니 믿을 수 있는 조언자를 찾아 마음을 열고 대화를 시작하길 바란다. 단, 조언을 얻을 구체적인 아이디어를 준비해두는 것은 본인의 몫이다.

일주일에 세 가지 새로운 일 시도하기

해보지 않은 일을 시도하는 것은 쉽지 않다. 왜냐하면 '해보지 않았으므로 해볼 만한 것'이라는 생각이 들지 않기 때문이다. 과거의 나라면 상상조차 하지 못할 일들을 시도해보자. 본인의 창의력을 가늠할 수 있는 좋은 기회가 된다. 그리고 그 기회는 새로운 가능성으로 이어질 것이다.

이에 더해, 지금까지 한 번도 해보지 않았던 새로운 일을 정기적으로 하면 루틴이 된다. 새로운 루틴은 관계를 변화시키고 새로운 가능성을 현실로 만들어주는 지름길이다. 결코 어려운 일이 아니다. 의도된 의지는 지속하기 어렵지만, 자연스럽게 우러나오는 사소한 일상에서의 변화는 퇴직 이후의 삶을 윤택하게 할 것이다. 예를 들어보자.

출근하는 배우자의 구두 닦기
연락이 끊어진 고등학교 친구들에게 40년 만에 먼저 연락하기
난이도 단계별로 식당에서 '혼술, 혼밥' 해보기
대낮에 쓰레기 종량제 봉투 버리기
엘리베이터에서 타인에게 먼저 인사하기

운전을 천천히 양보하면서 하기

남자 셋이서 '불멍' 때리기

아들과 같은 백팩을 메고 여행하기

지하철을 타고 한 번도 가본 적 없는 역에 내리기

　몇 해 전 모 대기업 그룹사에서 퇴직한 18인의 임원들을 대상으로 1:1 퇴직준비 세션을 진행한 적이 있었다. 그때 퇴임 경영진이 시도해보겠다고 대답한 내용들이다. 재미있는 것은 '새로운 시도'를 즐겁고 유쾌하게 받아들이는 사람들과 어색하고 불편하게 생각하는 사람들의 퇴직 이후 삶은 생각보다 큰 차이가 있었다는 점이다. 고민에 고민을 거듭하여 10여 가지의 아이디어를 만들고 당장 실천하겠다는 사람들부터, 무엇을 할지조차 생각하기 어려워하는 퇴직자에 이르기까지 매우 다양했다. 새로운 도전에 흥미를 갖는 사람들이 새로운 가능성과 성공 의지를 크게 나타낸다는 것은 두말할 여지가 없다. 위에 나열된 일들이 사소해 보이는가? 그 실천이 이어줄 다음 가능성은 결코 작지 않다. 처음 한 번은 경험이 되고, 두 번은 이력이 되며, 세 번은 경력이 된다. 일상의 변화가 낳는 기적 같은 창조의 순간은 이처럼 단순하지만 새로운 루틴으로 이어가겠다는 노력에 따라 빛을 발한다.

한 번도 해보지 않은 일을 생각하고 실행하는 것은 퇴직 이후의 삶을 풍요롭게 하는 첫 단계이며, 새로운 시도는 분명 또 다른 기회로 이어진다. 결국은 내가 해보지 않은 일에 대한 불안과 두려움을 어떻게 극복할 것인가의 문제다. 한 번도 해보지 않은 일을 작정하고 해보는 것은 퇴직 이후의 삶에 활력을 더할 뿐만 아니라, 지금껏 구상해온 일을 다채로운 아이디어로 채우는 계기가 될 것이다. 한 번도 해보지 않은 일과 과거의 경험 사이의 연관성을 찾는 행위를 통해 기존의 역량이 확장되며, 이것은 자신감을 확보하는 데에도 큰 도움이 된다. 자, 이쯤 되면 퇴직 후 일거리, 놀거리, 생각할 거리가 밸런스를 갖추게 되었을 것이다!

퇴직 후 정서 상태 모니터링하기

그럼에도 불구하고 퇴직 후 일상은 어색하고 힘겹다. 재취업에 대한 부담감은 물론 퇴직 당시가 문득 생각나기도 하고 퇴직 결정에 대한 서운함과 아쉬움이 종종 떠오른다. 퇴직 후 6개월은커녕 한참이 지나고서도 부정적인 감정에 휩싸여 정서적인 어려움을 호소하는 퇴직자들도 많다. 퇴직 경험이 없는 사람이라면 지금의 내 마음을 상상조차 하기 어려울 테니, 어디 가서 답답한 마음을 토로할 곳도 마땅치 않다. 이러한 일상이 퇴직 후 6개월이 지난 시점까지도 이어질 가능성이 크다. 그럴수록 자신의 마음 상태를 스스로 잘 살펴야 한다. 퇴직 이후의 감정 및 정서 상태와 타인과의 관계에서 나타나는 갈등 요소들을 점검하면서 안정적인 퇴직 후 일상을 만들어야 한다. 새롭게 구상하는 커리어 가능성도 내면의 안정을 기반으로 이루어진다.

우리나라 퇴직자들의 정서에는 계절성이 나타난다. 무슨 말인가 하니, 대부분의 퇴직자들이 연말 인사를 통해 회사와 이별하게 되면서 계절에 따라 유사한 정서 상태를 공통적으로 경험한다. 동병상련을 겪으며 함께 이겨낼 수도 있겠으나, 많은 퇴직자들이 솔직한 마음을 터놓기 힘들어하고, 많은 경력자들이 일시에 퇴직하면서 재취업 기회도 녹록지 않아 이중고를 겪는다.

퇴직에 서서히 적응해가는 과정은 개인마다 각양각색이지만, 대체로 퇴직 첫해의 봄에는 아쉬움과 억울함, 분노와 후련함 등 다양한 양가감정을 겪고, 여름부터 새로운 일을 모색하기 시작한다. 이때의 노력이 뚜렷한 성과로 연결되지 못할 경우, 가을바람이 불기 시작하면 조금씩 조급한 마음이 나기 시작한다. 겨

울을 맞이하면서 두 부류로 확연히 나뉘는데, 퇴직 이후를 긍정적으로 살아가는 사람들과, 퇴직 상황을 여전히 복기하면서 아쉬워하는 사람들이다. 따라서 첫해를 어떻게 보내는지가 퇴직 이후를 결정하는 골든타임이다.

갱년기. 불과 몇 해 전만 해도 모두가 그냥 지나가는 과정이라고 여겼다. 스스로 극복해야 하는 여정이라고, 남들도 모두 겪으니 유난스럽게 대할 일도 아니라 했다. 그러나 지금은 그렇지 않다. 자신의 증상을 명확하게 알고 미리 준비하며 새롭게 인생을 살아가는 시기로 여기고 있다. 퇴직 이후의 정서도 마찬가지다. 지금까지 퇴직은 '누구나 겪는 일이고 자연스러운 일'이라 여겼지만, 퇴직 당사자에게는 매우 견디기 힘든 일이다. 본인이 겪는 '퇴직 증후군'에서 벗어나 인생의 다음 단계로 나아가려면 내 마음을 지속적으로 살피는 것이 중요하다.

일상이 될 때까지 변화를 실행하기

퇴직 후 6개월은 그야말로 눈 깜짝할 사이에 흘러갈 것이다. 퇴직 후 6개월 즈음이 지난 어느 날, 자신의 평범한 하루를 상상해보자. 아침부터 저녁까지 어떤 일상을 보내고 있을까? 누구는 퇴직 후 여전히 제한된 행동반경을 크게 벗어나지 않을 것이고, 누구는 스스로도 상상하지 못한 사람들과 새로운 관계를 구축하고 있을 것이며, 또 다른 누구는 이미 뚜렷한 목표를 갖고 미래를 향해 나아가고 있을 것이다. 어떤 사람으로 살아가길 바라는지 물을 필요도 없다. 다만, 목표로 삼은 일들이 당연한 일상이 되기까지 부단한 노력이 필요하다는 사실! 그 새로운 일상에 퇴직 전에 그랬던 것만큼 최선을 다해야 한다. 퇴직 전만큼 경쟁적이지 않아도 괜찮고 더 적은 보수에 만족해야 할 수도 있지만, 그 대신 어떤 가치를 얻고 있는지, 그 가치가 나에게 어떤 의미를 주는지 되새겨야 할 것이다.

퇴직 후 6개월 시점에서 중요한 것 중 하나는 월별 기대소득을 실현하는 일이다. 이 시기에는 중장기 재무 예측을 안정적으로 할 수 있어야 하는데, 현실적으로는 구체화하기 어려울 수 있다. 뉴업의 준비 기반이 마련되어 있지 않다면, 기존에 모아둔 재무자산에 퇴직금을 보태 월별 생활비를 추정하는 것이 전부일 것이다. 월급으로 소비해온 평범한 직장인이라면 임대 수익이나 주식 등을 제외하고는 새로운 수익 구조를 구상하기 어렵다. 하지만 뉴업의 방향에 따라 적은 돈이라도 수익이 들어올 수 있는 방법을 찾아야 한다.

창업 등 획기적인 변화를 구상하는 경우라도 당분간은 투자가 필요하니 손익분기점을 예측하는 것도 필요하겠다. 수익이 날때까지 생각보다 오래 인내해야 할 수도 있다. 그런 경우라도 이상적이고 희망적이기만 한 재무 예측보다는 지금 당장 얼마의 추가 소득을 얻을 수 있을지 현실적으로 파악해 다양한 소득처를 확보하는 것이 좋다. 예전에는 월급이라는 한 개의 소득 주머니가 있었다면, 퇴직 후에는 여러 개의 소득 주머니를 만들어야 한다. 그래야 희망을 잃지 않고 새로운 일에 몰두할 수 있다.

사회적인 기여를 하고자 하는 퇴직자들도 많은데, 이 경우라도 소득이 발생하는 일과 기여하는 일을 구분하여 루틴을 구성하는 것이 좋다. 직장 생활을 오래 하면 퇴직 이후의 재무 설계를 하는 데 있어서 잘못하기 쉬운 것이 있다. 바로 자신의 재무 포트폴리오 설계 및 사업 수익 예측을 예전에 회사에서 신규 사업 프로젝트를 총괄할 때처럼 한다는 것이다. 무슨 의미인가 하니, 지나치게 긍정적인 시나리오로 미래 수익을 기대한다는 점이다. 회사의 자본으로 업무를 대했던 과거와는 다른 마인드를 가져야 한다. 상황을 냉정하게 판단하고 현실적인 시나리오를 구상해야 살아남을 수 있다. 회사에서 예측하던 사업의 규모와는 동그라미 몇 개가 다르고 어떨 때는 한없이 초라해 보이는 숫자일 수 있으나, 그것을 기반으로 또 다른 성장을 이루어갈 수 있어야 한다. 희망을 가져야 하지만, 지나치게 긍정적으로 예측해서도 안 된다.

드디어 퇴직준비 셋업 가이드라인의 최종 단계에 도달했다. 운 좋게 현직에서부터 준비를 시작했든, 미처 그러지 못했든 그 시기는 중요하지 않다. 지금과는 완전히 다른 삶을 일상으로 만들기 위해서는 시간이 필요하다. 경험자들에 따르면 최소한 3년이라는 인고의 시간을 거쳤다고 한다. 때로는 그 시간이 막연하게 느껴질 수도 있겠으나, 준비 없이 퇴직한 후 겪게 되는 일상보다는 덜 막막할 것임은 두말할 나위가 없다. 퇴직준비 셋업 가이드라인도 수많은 퇴직 경험자들의 절절한 목소리에 기반하여 만들어졌다. 최소 3년을 목표로 각 단계의 가이드라인을 점검하고 차근차근 실천한다면, 퇴직 후의 삶이 새로운 가능성으로 가득할 것이다.

퇴직 6개월 후,
어떤 일상을 꿈꾸는가?

4단계 열 가지 미션 가이드

① 퇴직 후 자신의 하루를 시간대별로 묘사해보라.

② 뉴업과 관련하여 확장하고 싶은 분야를 정하고 전문가와의 만남을 시도하라.

③ 언제든 마음을 털어놓을 수 있는 1명의 조언자를 구하라.

④ 일주일에 세 가지 새로운 일을 시도하라.

⑤ 퇴직 후 자신의 정서 상태를 꼼꼼히 점검하라.

⑥ 설정된 뉴업 목표와 액션 플랜의 실행 여부를 재점검하라.

⑦ 연금 및 투자 수익 이외의 돈을 벌어보라.

⑧ 퇴직 후 새로운 루틴을 실행하라.

⑨ 퇴직 후 사회에 기여할 일을 적어보라.

⑩ 나만의 성공 사례를 만들어 콘텐츠로 기록하라.

4단계 점검을 위한 다섯 가지 체크리스트

① 퇴직 후 일상 루틴 시간표 작성 ☐

② 일주일에 세 가지 새로운 일 리스트 작성 ☐

③ 신규 수익 만들기 ☐

④ 사회를 위해 기여할 수 있는 활동 작성 ☐

⑤ 성공 사례 콘텐츠 작성 ☐

모두가 대체 불가능한 삶을 살아가길!

우리 모두는 대체 불가능한 존재로 태어나 꽤나 오랜 시간 대체 가능한 삶을 살아왔다. 짧게는 20여 년, 길게는 40여 년의 직장 생활. 그것이 스스로 원하는 삶이었든 그렇지 못했든, 자신의 최선을 의심하는 사람은 아마도 없을 것이다.

그런데 지금까지 한 번도 생각해보지 못한 인생의 변곡점이 눈앞에 있다.

'퇴직'

누구는 상상만 해도 말문이 턱 막히는 커다란 산으로 여길 것이며, 또 누구는 제법 넘을 만한 야트막한 언덕으로 여길 것이다. 또 다른 누구는 일상의 연장선 위에 펼쳐진 평온한 평야 정도로 생각할지도 모른다. 그것이 어떤 모습이든 우리는 각자의 삶에서 그 길을 걸어가게 될 것이다.

지금까지는 일이 우리를 선택해왔지만, 앞으로는 내가 일을 선택할 수 있을까? 그 고민을 진지하게 해나가는 과정이 뉴업의 발견이다.

이 책이 많은 직장인들에게 한시라도 빨리 퇴직준비를 해야 '살아남을 수 있다'고 강요하는 책으로 읽히지 않길 바란다. 그 대신 직장인이라면 누구든 겪게 될 앞으로의 여정을 위해, 오늘의 무거운 책임을 잠시 내려놓아도 좋다고, 그래야 현재에 더욱 충실할 수 있다고 말하는 휴식 같은 책이었으면 좋겠다.

이미 퇴직을 경험한 사람들이 후배들에게 말없이 건네었으면 하는 책이길, 막 퇴직하신 부모님의 시간 한구석을 채우는 책이길 소망한다. 그리고 경영 전략가로서 조금 더 욕심을 내어본다면, 퇴직에 대한 불안과 두려움으로 가득한 4050세대 구성원들에게 회사가 먼저 건네는 공존의 메시지였으면 좋겠다.

　　인생에서 또 다른 성장의 기회를 기다리는 마음으로, 그 긴 여정이 온전히 나我다워서 가장 아我름답고 대체 불가능한 존재로 함께 살아가기를…

　　뉴업의 발견,
　　모두 준비되었는가?

·

이 책 속의 모든 주인공들께 깊은 감사를 전합니다.

뉴업의 발견

© 성은숙

1판 1쇄   2024년 6월 28일

지은이   성은숙
펴낸이   성은숙
펴낸곳   화담,하다 미디어그룹

편집   고우리
디자인   노벰버세컨드
마케팅   권주영, 홍성주

등록   제 2024 - 000010호(2024년 1월 17일)
주소   서울시 종로구 새문안로 82 에스타워 1907호
메일   contact@whadam.co
홈페이지   www.whadam.co
ISBN   979-11-987134-0-7 (03190)

잘못 만든 책은 구입하신 서점에서 바꿔드립니다.
무단 전재와 복제를 금합니다.
화담,하다 미디어그룹은 (주)에코인투의 출판 및 기획 콘텐츠 브랜드입니다.